ART THERAPY TECHNIC

미술치료기법 II

최외선 · 김갑숙 · 정은주 · 정광석 공저

학지사

머리말

현대사회의 세계화는 빛의 속도라고 할 수 있을 만큼 빠르고 그에 따른 사회의 가치는 어제와 오늘이 다르게 변화하고 있다. 그러므로 한 개인이 그가 속한 사회를 이해하고 적응하는 것은 쉬운 일이 아니며, 이러한 변화는 개인의 심리적 불안정과 혼란을 초래하게 된다. 이 때문에 현대인의 정신건강에 관한 관심은 매우 높아지고 있으며 스트레스의 예방과 치료를 위한 다양한 접근 방법이 발달하는 추세다. 미술치료는 이러한 마음의 불안을 없애고 인격의 성숙을 위한 정신치료로서 지속적인 발전을 이루고 있어 정신건강을 위한 효과적인 방법의 하나라고 할 수 있다.

미술치료는 미술작업을 통해 언어로 표현하기 어려운 내담자의 의식적, 무의식적 심상을 표현할 수 있도록 돕고, 이 과정을 통해 자기를 이해하고 개인이 속한 환경에 잘 적응하며, 행복한 삶을 영위할 수 있도록 하는 방법이다. 따라서 미술치료는 미술매체를 통한 미술작업을 떠나서는 이해할 수 없고 표현할 수 없는 치료방법인 것이다. 미술매체를 통한 미술작업이 미술치료기법이며, 미술치료가 정신건강을 위한 접근방법으로 임상장면에 적용된 이래로 다양한 치료기법들이 소개되고 있다.

『미술치료기법』이 2006년 출간된 이래 미술치료 임상현장에서 미술치료사, 심리상담사들에게 많은 도움을 제공하고 있으며, 학술적 연구를 통해 매우 효과적인 방법으로 입증되고 있다. 그 후 임상장면과 미술치료연구에서의 미술치료의 발전과 더불어 새로운 미술치료기법이 시도되고 있으며, 그에 관한 관심과 욕구가 높아지고 있다.

이 책은 새로운 미술치료기법에 대한 욕구에 부응하고자 저자들이 임상장면에서 시도한 효과적이고 창의적인 미술치료기법을 소개함으로써 미술치료사들에게 작은 도움을 제공하고자 하는 것이다.

물론 하나의 기법으로 치료가 이루어지는 것은 아니다. 치료자의 공감적인 마음과 일관성 있는 수용적 태도, 내담자에 대한 긍정적인 마음이 바탕이 되어야 한다. 인간의 발달과 심리에 대한 이론적 배경 또한 치료자로서 갖추어야 할 요소 중 하나다. 그러한 바탕 위에 놓일 때 미술치료기법도 치료적 효과를 발휘하리라고 본다. 미술치료사로서의 경험에서 볼 때 미술치료기법은 단순한 기술이 아니라 많은 노력이 바탕이 되어야 하는 상호작용이라고 생각한다. 새로운 미술치료기법을 소개함으로써 미술치료사의 노력을 격려하고 미술치료의 지속적인 발전을 기원하고자 한다.

끝으로 이 책의 출판을 기꺼이 승낙해 주신 학지사 김진환 사장님, 교정과 편집을 위해 수고해 주신 김연재 선생님을 비롯한 많은 분들에게 감사의 마음을 전한다. 더불어 내담자들의 정신건강과 행복을 위하여 이 책이 쓰이기를 기대한다.

2013년 5월

저자 일동

차 례

Part 02 치료기법

02 자기탐색 — 63

Part 1

진단기법

제1장 진단기법의 유형

01
진단기법의 유형

미술치료의 장점 중 하나는 그림을 통해 내면을 표현할 수 있고 심리상태를 파악할 수 있다는 점이다. 인물화 검사가 개발된 이후 그림을 통해 피검사자의 정서적, 인지적 심리상태나 성격을 파악하는 다양한 미술치료의 진단도구가 개발되고 있다. 이 장의 진단기법은 검사도구를 개발한 연구자의 진단방법, 진단기준을 중심으로 안내하고자 한다.

1 별과 파도검사

별과 파도검사(Star-Wave-Test: SWT)는 독일의 심리학자 Ursura Ave-Lallemant(1978)가 고안하였다. 이 검사는 성격진단검사로서 사용되고 있으며, 3세부터 취학 전 유아에게는 발달검사로도 사용할 수 있다. 별과 파도검사는 그림 표현에서의 기본적인 3요소인 형, 움직임, 공간사용법에 의해 파악된다(杉浦京子, 2001).

1) 목 표

내담자의 의식적, 무의식적 갈등이나 긴장 등 심리상태를 파악한다.

2) 준비물

SWT 검사용지, 연필(2B나 4B), 지우개

3) 방 법

① 지시문은 다음과 같다.

"바다의 파도 위에 별이 있는 하늘을 그리세요."

② 사용연령은 3세 이후 가능하다.

③ 소요시간은 5~10분 정도다.

4) 진단기준(Lallemant, 1978)

(1) 그림의 양식

준 거	해 석
요점적인 양식	별과 파도 이외에는 다른 표현을 하지 않는 양식, 매우 이성적으로 문제에 대처하는 사람

회화적인 양식	별과 파도 이외에 다양한 그림들을 그리며 매우 풍부하게 표현하는 경우, 자신의 감정 경험을 다른 사람과 공유하고 싶은 사람
감정적인 양식	그림 속에 감정이 느껴지는 분위기이거나 표정을 통해 감정을 표현하는 경우, 감정 표현을 중요하게 여기는 사람
형식적인 양식	별과 파도를 표현할 때 무늬를 그리듯이 표현하는 경우, 방어적인 태도이거나 반대로 눈에 띄고 싶어 하는 사람
상징적인 양식	바위, 섬, 절벽, 천둥, 번개를 그리거나 배가 뒤집히는 등 별과 파도 이외에 특이한 내용이 들어 있는 경우, 이는 심리적 갈등의 표현으로 힘든 상황에 놓여 있는 사람

(2) 공간의 형식적 해석

준 거	해 석
조화	자연을 그대로 옮겨 놓은 것과 같은 공간 사용으로, 내적인 조화를 추구하거나 그러한 상태임을 의미
배치	별은 위에, 파도는 아래에 그리고 중간은 비어 있는 공간 사용으로, 조화와는 반대의 표현으로, 환경에 적응하려는 바람이나 의지를 의미
규칙	별과 파도가 규칙적으로 그려진 공간 사용, 계획적인 삶을 선호하며, 내적인 규칙에 순응한다는 것을 의미
부조화	별과 파도에 어울리지 않는 공간 사용으로, 이는 심리적 갈등 또는 사회질서에 대한 반항을 의미

(3) 공간의 상징적 해석

준 거		해 석
수직적 구조	하늘과 바다의 균형	지적 측면과 감정적 측면의 조화
	하늘 우위	지적 측면 우위
	바다 우위	감정적 측면 우위
	수평선으로 하늘과 바다가 접촉	두 측면을 분화해 생각하며 통합적임
	하늘과 바다가 격리	두 측면이 분리, 통합되지 않음

	하늘과 바다 사이 강조된 공간	두 측면이 서로 방해
	별과 바다가 섞임	지적 측면과 감정적 측면이 분화되지 않음
수평적 구조	왼쪽 강조	내향적, 과거지향적, 심리적인 문제가 있을 가능성
	오른쪽 강조	외향적, 미래지향적, 환경적인 문제가 있을 가능성
	중앙 강조	자아, 자기를 의미

(4) 상징

준거	해석
파도	감정, 무의식
별	전진하려는 의지, 지성, 의식
달	관심이나 흥미의 방향성
바위, 섬, 절벽, 해안	바위, 섬, 절벽, 해안(해변)은 장해이거나 피난처, 안전한 장소
구름, 천둥, 번개	스트레스, 피해
등대	내적 또는 외적 방향성

(5) 필적의 해석(杉浦京子, 1994)

준거		해석
선의 형태	안정적인 선	별과 파도 모두에서 안정되고 균형 있는 선이 나타나고, 심리적으로 안정되고 삶이나 과제에 대해 명확하게 인식하고 자신감 있는 상태를 의미
	불안정한 선	가늘고 끊어진 선으로 자연스럽게 나가지 않고 움직임이 있으며, 자극에 민감한 선으로 불안하고 자신감이 떨어진 상태를 의미
	이어진 선	목표를 향해 전진하는 것을 좋아하는 성향을 의미
	분단된 선	안정적이거나 불안정한 선으로 그려지며, 무엇을 해 왔는지를 재고하고 다시 시작하는 성향
	안정적 반복된 선	삶을 회고하거나 지금까지 해 온 일을 생각하는 데 필요한 시간을 갖고자 하는 성향

선의 성질	섬세한 선	약한 의지력, 수동적, 감수성
	부드러운 선	감각적인 경향
	날카로운 선	힘이나 행동 우위
	명확한 선	에너지가 넘치며 적극적이고 본능적인 경향
면의 성질	음영	정서적이고 관능적인 감수성을 의미
	보풀이나 줄무늬	감정을 이성적으로 이해하려고 하는 경향
	윤곽선	이성적으로 통제하는 경향
	어두운 면	강한 감정의 표현을 의미
	거친 면	접촉의 어려움을 의미

5) 사 례

내담자는 20대 중반 여성이다.

• 그림 1-1 • SWT(20대 중반 여성)

내담자의 그림에서 날씨는 맑지만 세차게 치는 파도와 바위로 현재의 갈등을 상징적으로 표현하였으며, 오른쪽 강조의 그림으로 타인과의 관계에서 갈등이 있음을 시사한다. 하늘 우위의 그림으로 어떤 일이 발생했을 때 이성적으로 행동할 가능성이 크지만, 파도의 모양과 연결되지 않은 선으로 그려진 별의 모양으로 보아 감정을 조절하기 힘든 상황이라고 볼 수 있다. 실제 내담자는 이성적으로 행동하지만, 남자친구와의 갈등으로 인하여 직장에서뿐만 아니라 친구와의 관계에서도 갑작스럽게 울컥하며 감정이 올라와 조절이 잘 되지 않는다고 하였다. 그림과 언어 표현에서 내담자는 불안하고 타인과의 관계에서 갈등이 있음을 알 수 있다.

2 발테그 묘화검사

발테그 묘화검사(Wartegg-Zeichentest: WZT)는 Ehring Wartegg가 개발한 검사이며, 동료인 August Vetter가 발테그 묘화검사와 필적을 함께 분석하였다(Lallemant, 1978). 이후 Ave-Lallemant가 지속적으로 연구하였다. 이 검사는 자극의 감각적 수용과 자극에 대한 충동적 반응 간의 관계를 측정하려는 데 목적이 있다(박현주, 2009).

1) 목 표

자극도에 대한 내담자의 반응과 그 자극도의 주제를 통해 내담자의 성향과 심리상태를 이해한다.

2) 준비물

WZT 용지, 연필(HB나 4B), 지우개

3) 방 법

① 지시문은 다음과 같다.

"8개의 테두리 안에 무엇인가를 그려 주세요."

② 각각의 테두리 안에는 자극도가 그려져 있지만, 이 자극도를 사용하여 그림을 그리도록 지시해서는 안 된다.

③ 순서대로 그리도록 하는데, 그리기 힘든 것은 나중에 그릴 수 있도록 하되, 가장 마지막에 그린 것이 무엇인지는 기록해 둔다.

④ 시간은 제한하지 않는다. 내담자가 그리는 도중에 하는 질문에 대해서는 "그리고 싶은 대로 그리세요."라고 한다.

⑤ 그림을 완성한 후에는 그림의 애매한 부분을 명확하게 하기 위해 질문을 통해 확인한다.

⑥ 이야기를 만들고 제목을 붙이도록 한다.

⑦ 검사 후 각각의 그림이 무엇을 표현한 것인지, 어떤 느낌인지를 질문한다.

⑧ 내담자의 생활상황과 관련하여 탐색할 수 있도록 한다.

4) 진단기준(Lallemant, 1978)

(1) 자극도의 주제와 반응

준거	해석	
활용 유무	자극도를 활용하지 않은 경우는 내면의 심리적 고통이나 갈등으로 인하여 외부 자극에 민감하게 대응하지 못하고 있는 상황	
자극도의 성질	1, 2, 7, 8	곡선적인 반응이나 생물이 그려지는 경향
	3, 4, 5, 6	직선적인 반응이나 사물이 그려지는 경향
자극도의 주제	자극도 1	중심성, 자기, 자아
	자극도 2	움직임, 감정
	자극도 3	상승, 노력, 의욕
	자극도 4	무게, 곤란, 문제성
	자극도 5	긴장, 능력
	자극도 6	완전성, 통합
	자극도 7	감수성, 민감성
	자극도 8	안정
자극도의 특징	자극도 1	중심적, 집약적
	자극도 2	유동적, 부동적
	자극도 3	상승 경향, 엄격성, 규칙성
	자극도 4	중량감, 무의식 영역
	자극도 5	갈등, 긴장감
	자극도 6	통합, 전체성
	자극도 7	섬세함, 민감함
	자극도 8	편안하고 느긋함, 배려

(2) 그림의 양식

준 거	해 석
형식적인 양식	문양으로 표현한 경우, 방어적이거나 자기 주장적인 성향
요점적인 양식	사물로 표현한 경우, 이성적인 성향
회화적인 양식	한 장면의 그림처럼 표현한 경우, 감정적 경험의 표현
상징적인 양식	다른 양식과 함께 표현한 경우, 심리적 갈등의 표현

5) 사 례

내담자는 20대 초반의 이주 여성이다.

• 그림 1-2 • WZT(20대 초반 이주 여성)

내담자가 그린 그림의 양식은 요점만 있는 양식이며 8개의 자극도를 활용하지 않고 그림을 그렸다. 이는 자극에 대해 이성적으로 기능하는 경향이지만 현재 내면의 갈등이나 문제로 인하여 자기의 내면에 집중되어 있을 가능성이 높다. 자극도 1번은 자기에게 중요한 의미를 지니는데 남편에 대한 사랑이라고 하였으며, 자극도 2번은 감정을 의미하는데 사람의 얼굴은 슬프다고 하였다. 사유는 고향에 계신 부모님의 병으로 인한 심리상태였다. 3번은 아름다움에 대한 욕구이며, 4번은 문제로서 남편 없이 집에 있는 시간이 내담자에게 문제였다. 5번은 갈등이나 긴장으로 처음 경험하게 되는 눈에 대한 설레임이며, 6번 통합으로 태양을 그렸는데 부모가 심리적 통합과 관계되는 것으로 나타난다. 7번의 귀걸이는 여성의 아름다움에 대한 민감성을 의미하며, 8번의 모국의 모자는 그리움으로 내담자에게 안정감을 주는 것으로 볼 수 있다. 이러한 표현에서 내담자는 한국에서 아내로서 적응, 모국과 부모에 대한 그리움이 내면에 가득하여 주변 환경을 인식하지 못하거나 고려하지 못하는 상황으로 볼 수 있다.

참고도서

Lallemant, A. U. (1978). *Der Wartegg-Zeichentest*. 전영숙, 김현숙, 유신옥 역(2011). 심리상담과 미술치료를 위한 발테그 그림검사. 대구: 이문출판사.

3 그림 이야기 검사

그림 이야기 검사(Draw A Story: DAS)는 Silver(1988b, 1993a)가 개발한 검사로서 SDT의 규준을 개발하기 위해 아동에게 실시하였을 때 상상화 과제에 대한 반응으로 우울증 사정의 가능성을 발견하였다. 소수의 아동은 자살이나 전멸(annihilation)에 관한 상상화를 그렸는데 아동기 우울증은 죽음이나 폭력에 대한 상상으로 포장될 수 있기 때문에 그림 이야기 검사는 우울증을 선별하기 위한 하나의 도구가 될 수 있다.

1) 목 표

우울증이나 공격성의 심리상태를 파악한다.

2) 준비물

DAS 검사지, 자극그림, 연필, 지우개

3) 방 법

① 지시문은 다음과 같다.

"다음의 그림에 대해 흥미를 가질 것이라 생각합니다. 그림을 잘 그리거나 못 그리는 것은 전혀 문제가 되지 않습니다. 중요한 것은 자신의 생각을 표현하는 것입니다. 여기에 사람, 동물, 장소 및 사물에 대한 몇 가지 그림이 있습니다. 이 중에서 2개의 그림을 골라서 가능한 이야기를 상상해 보세요. 준비가 되면 여러분이 상상한 이야기를 그림으로 그려 봅시다. 여러분이 그린 그림에 대해 이야기를 만들고 무슨 일이 있었는지 보여 주십시오. 선택한 그림은 마음대로 바꿀 수도 있고, 그린 그림에 얼마든지 추가할 수도 있습니다."

② 그림 그리기가 끝나면 그림 아래에 제목이나 이야기를 써 넣도록 한다.

③ 검사 후 추가 질문을 할 수 있다(손현숙, 2009).

- 그들은 지금 무엇을 하고 있나요?
- 그들은 서로 어떤 관계가 있나요?
- 무엇을 생각하거나 느끼고 있나요?
- 앞으로 무슨 일이 일어날까요?
- 이 일 전에는 무슨 일이 일어났나요?
- 이 그림을 그릴 때의 기분은 어땠나요?
- 나는 그림 속에 무엇(누구)으로 나타나 있나요?
- 이 그림 속의 인물이 나라면 어떻게 느끼거나 생각할까요?
- 이야기에 나온 주인공의 성별이나 나이는?
- 이 일이 일어난 장소와 시간은?

④ 검사 대상은 5세부터 성인까지다.

4) 고려할 점

① 그리기가 시작되면 집중할 수 있도록 한다.

② 지지하고 격려해 주는 것이 중요하다.

③ 어느 투사검사나 마찬가지로 지침의 이해가 어려운 피검자에 대한 지시어는 피검자가 이해할 수 있는 수준의 단어 선택이 중요하다. 하지만 지나치게 자세한 설명은 표현의 자유를 방해하거나 사고의 제안을 주기도 해 주의해야 한다.

④ 양식 A를 사전, 사후 검사로 활용할 경우, 양식 B를 치료를 위해 사용할 수 있다.

5) 진단기준(Silver, 1993a)

(1) 정서 상태

기준	해석	점수
• 슬프거나 고립되어 있거나 도움을 받을 수 없거나 죽을 위험에 처해 있는 인물 • 파괴적, 살인적 또는 생명 위협적인 관계	강한 부정	1
• 좌절, 공포, 무서움 또는 불운한 인물 • 스트레스를 느끼거나 적의가 있는 관계	중간 정도의 부정	2
• 애매하거나 갈등을 나타내는 부정적이면서 긍정적인 관계 또는 인물 • 명료하지 않거나 분명하지 않은 관계 또는 인물 • 부정적이든 긍정적이든 비정서적인 관계 또는 인물, 그려진 대상 또는 관계에 대해 표현된 감정이 없는 인물	중립적, 양가적	3
• 행운은 있지만 수동적인 인물 • 친한 관계	중간 정도의 긍정	4
• 행복하거나 목표를 달성한 인물 • 돌봐 주거나 사랑하는 관계	강한 긍정	5

(2) 자아상

기준	해석	점수
• 비통, 고립, 치명적인 위험에 빠진 것으로 표현된 대상과 동일시할 때	병적인 환상	1
• 놀람, 좌절, 불행과 관련된 묘사 • 짜증스러움, 욕구불만 또는 불운한 존재로 묘사된 대상과 동일시하고 있을 때	불행한, 불쾌한 환상	2
• 분명하지 않거나 보이지 않는 것으로 나타나는 묘사 • 불분명하거나 애매하거나 또는 양가적이거나 아무런 감정이 없는 것으로 묘사된 대상과 동일시할 때	양가적, 비정한, 애매모호한 환상	3
• TV를 보거나 구조되는 것처럼 수동적인 행운과 관련된 묘사 • 수동적이지만 운 좋은 것으로 묘사된 대상과 동일시할 때	유쾌한 환상	4
• 행복한, 사랑받는, 강력한, 뛰어난, 위협적인, 파괴적인, 공격적인, 성취적인 것과 관련된 묘사 • 존경스럽고, 친밀하며, 긍정적이며, 목표를 달성하는 것으로 묘사된 대상과 동일시할 때	욕구충족, 소원을 이루는 환상	5

(3) 유머

기준	해석	점수
• 고통스럽게 죽거나 죽을 위험에 있는 대상 때문에 재미난 것 • 불안, 죽음, 고통, 공포, 고통을 느끼게 하는 잔인함 또는 쾌감이 없는 것	강한 치명적 유머	1
• 어리석거나 놀라거나 좌절하거나 불운한 대상이 보는 사람들로 하여금 웃음을 자아내게 하는 것 • 다른 사람을 조롱하는 것, 자기 자신을 조롱하는 것, 대상이 매력적이지 않거나 좌절했으며, 바보 같거나 불운하지만 치명적인 위험에 처해 있지 않은 것	비방성 유머	2
• 의미가 불분명하고, 양가적이며, 애매한 것	양가적 유머	3
• 문제점을 극복하고, 불안을 완화하며, 안전하게 하는 것 • 결과는 희망적이거나 호의적인 것 • 주요 대상이 역경을 극복한 것	반동 유머	4
• 보는 이들로 하여금 즐거움, 유쾌함을 느끼게 하는 것 • 유머를 공유하도록 하며 비난이 전혀 없는 것 • 친절하고 우스꽝스러운 단어를 사용한 유머가 있는 것	해학적 유머	5

6) 사 례

내담자는 초등학교 2학년 여학생이다.

• 그림 1-3 • DAS (초등학교 2학년 여학생)

내담자가 그린 그림의 제목은 숨바꼭질이고 이야기는 다음과 같다. 쥐와 병아리, 고양이가 같이 숨바꼭질을 하였다. 고양이가 술래여서 찾으러 다녔는데 찾아 보니 쥐와 병아리가 숨지 않고 칼싸움 놀이를 하고 있어서 고양이가 불만이라고 하였다. 그래서 고양이가 쥐와 병아리를 먹으려 하다가 참았다고 하였다. 이야기는 내면의 공격성을 억압하는 내용이며 어머니 보고에 따르면 내담자는 목소리가 크고 지나치게 활동적인데 친구와 놀다가 자기 뜻대로 되지 않으면 쉽게 울고 집에 와서 짜증을 많이 낸다고 하였다. 이러한 표현에 따르면 내담자는 감정의 억압으로 인해 다소 우울한 상태로 볼 수 있다.

참고도서

Silver, R. (2002). *Three Art Assessments*. 이근매, 조용태, 최외선 역(2007). 세 가지 그림심리검사. 서울: 시그마프레스.

손현숙(2009). 아동-청소년의 우울 및 공격성과 DAS 반응특성의 관계 아동-청소년의 우울 및 공격성과 DAS 반응특성의 관계. 영남대학교 박사학위논문.

이현주(2012). 부모알코올중독이 대학생 자녀의 우울 및 사회불안에 미치는 반응특성: 이야기 그림검사를 중심으로. 한양대학교 석사학위논문.

4 실버 그림검사

실버 그림검사(Silver Drawing Test: SDT)는 Silver가 청각장애인의 인지와 정서를 측정하기 위해 개발한 그림검사다. 그림이 언어적 결함을 대신할 수 있고, 말이나 글에 필적하는 의사소통 수단이 될 수 있다는 전제에 근거하고 있다. 개인의 인지적 정보와 정서적 정보는 언어적 표현뿐만 아니라 시각적 표현에 의해서도 파악할 수 있다.

1) 목 표

인지와 정서 상태를 측정한다.

2) 준비물

SDT 검사도구, 연필, 지우개

3) 방 법

① 실시 연령은 5세부터 성인까지이며, 7세 이하의 아동과 임상 대상자는 개인 검사를 실시한다.

② 소요시간은 약 15분 정도다.

③ 지시문은 다음과 같다.

"나는 당신이 이런 종류의 그림에 흥미 있어 할 것이라고 생각합니다. 당신이 볼 수 있는 것도 있고 볼 수 없는 것도 있으며, 당신이 상상할 수 있는 것을 그리도록 요구할 것입니다. 그림의 실력이 있는지 여부는 문제가 되지 않습니다. 중요한 것은 당신의 상상력을 사용하여 자신의 생각을 표현하는 것입니다."

④ 실시 순서는 예언화, 관찰화, 상상화다.

- 예언화

- 예언화 과제를 실시할 때, 만약 응답자가 지시문을 읽지 못하면 말이

나 몸짓, 수화를 사용한다.

- 왼쪽 첫 번째 컵을 지적하면서 "여기는 아이스크림소다입니다. 여러분이 몇 모금을 마셨다고 생각해 봅시다."라고 말하고, 두 번째 컵의 꼭대기 부분에 수평선을 그리면서 "모두 마실 때까지 몇 모금씩 계속 마셨을 때 소다가 줄어드는 모습을 컵에 선으로 그려 보세요."라고 말한다.

• 관찰화

- 선보다 면으로 나타나도록 하기 위해 눈높이 아래의 탁자에 배치 용지와 검사도구를 놓는다.
- 피검자가 지시문을 읽지 못하면 다음의 지시문을 읽어 준다.

"당신은 무엇인가를 그려야 하는데 이것을 자세히 살펴보겠습니까? 여기에 그려야 하는 물건이 있습니다. 이것들을 주의 깊게 보고 다음의 공간에 그것을 그리십시오."

• 상상화

- 피검사가 지시문을 읽지 못하면 다음의 지시문을 읽어 준다.

"두 개의 그림을 선택하고, 그 그림을 가지고 어떤 일이 일어날 것인지 이야기를 상상해 봅시다. 준비가 되었을 때 상상한 것을 그림으로 그려 보세요."

- 그림을 다 그렸으면 제목이나 이야기를 쓰도록 한다.

4) 진단기준(Silver, 1983, 1986, 1987a 외 다수)

(1) 예언화

준거	해석
계열	0점. 컵에 소다가 표현되어 있지 않았을 때 1점. 계열이 불완전할 때 2점. 둘 혹은 그 이상의 계열이 그려졌을 때 3점. 점점 줄어드는 과정에서 고친 흔적이 있을 때(시행착오) 4점. 고친 흔적은 없으나 간격이 일정하지 않을 때 5점. 고친 흔적이 없고, 간격이 모두 일정하게 표시되었을 때
수평	0점. 기울어진 병 속에 수면을 나타내는 선이 없을 때 1점. 선이 병의 밑면이나 옆면과 평행일 때 2점. 선이 병의 밑면이나 옆면과 거의 평행일 때 3점. 선이 비스듬할 때 4점. 수평선이 아니면서, 선이 탁자와 연관이 있어 보이나 평행하지는 않을 때 5점. 5도 이내에서, 선이 탁자와 완전히 평행일 때
수직	0점. 집이 없거나, 5세보다 어리다면 집이 산 속에 있을 때 1점. 집이 대략 언덕과 직각되게 그렸을 때 2점. 집이 언덕과 직각도 아니고 수직으로 되어 있지도 않게 경사져 있거나 거꾸로 그려져 있을 때 3점. 집은 바로 세워 수직이 되도록 그렸지만 받쳐 주는 것이 없을 때(5세 이상, 산 안에 집 전체를 그렸을 때) 4점. 집은 수직이 되도록 그렸지만 받침대가 약하거나 집이 약간 산 속에 그려져 있을 때 5점. 집이 수직이며 기둥이나 받침대나 다른 구조물로 견고하게 받쳐져 있을 때

(2) 상상화

① 인지적 내용

준 거	해 석
선택	0점. 자극그림을 선택한 증거가 하나도 없을 때 1점. 지각적 단계: 단일 주제 혹은 주제들이 크기와 위치가 맞지 않을 때 2점. 크기나 위치에 있어 관계 있는 대상들이지만 서로 상호작용이 없을 때 3점. 기능적 단계: 대상이 무엇을 하든지 또는 무엇이 행해지고 있는지를 보여 줄 때 4점. 추상적이거나 상상적이기보다 설명적일 때 5점. 추상적 단계: 상상력이 풍부하고 잘 정리된 생각, 실제 보이는 것보다 더 암시적이고 추상적인 개념들을 다루는 능력을 보여 줄 때
결합	0점. 하나의 대상, 공간적 관계가 없을 때 1점. 근접성: 근접성만이 관계가 있고, 대상들이 공간에 떠 있을 때 2점. 점선이나 화살표, 또 다른 것으로 관계들을 나타내려고 했을 때 3점. 사물들이 기저선을 따라 서로 다른 것과 관계 지어져 있을 때(실제로 혹은 묵시적으로) 4점. 기저선을 사용하는 수준을 넘어 그린 그림. 그러나 공간의 거의 대부분이 여백으로 남아 있을 때 5점. 전체적인 조화: 원근이 나타났고 도화지의 전체 면을 고려하고 2~3개 이상의 그림을 사용했을 때
표현	0점. 표현되었다는 증거가 하나도 없을 때 1점. 모방: 자극그림을 그대로 베끼거나 판에 박힌 듯한 표현일 때 2점. 모방의 단계는 넘어섰으나 그림이나 아이디어가 평범할 때 3점. 재구성: 자극그림을 정교화시키거나 변화시켰으나, 판에 박힌 표현일 때 4점. 재구성의 단계를 넘어선 약간 독창성이 엿보이거나 표현적일 때 5점. 변형적: 매우 창의적이며, 표현적이고, 장난기가 있고, 암시적이거나 은유적인 농담, 풍자, 이중적인 의미를 가졌을 때

② 정서적 내용

준거	해석
정서	1점. 매우 부정적인 부제: 예를 들면, 슬픔, 고립, 무력, 자살, 죽음 또는 파괴적, 살인적인 생명을 위협하는 관계 또는 치명적인 위험에 빠져 있는 고립된 대상 2점. 다소 부정적인 주제: 예를 들면, 공포, 분노, 욕구불만, 반항적, 파괴적, 공격적 또는 불운한 것으로 묘사된 고립된 대상. 긴장되고 적대적이고 불쾌한 관계를 나타냈을 때 3점. 중립적 주제: 예를 들면, 부정적이기도 하고 긍정적이기도 한 양면적인 묘사, 긍정적이지도 부정적이지도 않은 감정이 드러나지 않는 중립적인 상태 4점. 다소 긍정적인 주제: 예를 들면, TV를 보거나 구조되는 것과 같은 수동적이지만 운 좋은 것으로 묘사되는 것. 친근하고 우호적이며 유쾌한 관계를 나타냈을 때 5점. 아주 긍정적인 주제: 행복하고 능률적이며 활동적으로 보이고 목표를 달성하는 것으로 묘사, 서로 위해 주거나 사랑하는 관계로 나타냈을 때
자기상	1점. 병적인 환상: 응답자가 비통, 고립, 자살, 치명적인 위험에 빠진 것으로 표현된 대상과 동일시할 때 2점. 불쾌한 환상: 응답자가 놀람, 짜증스러움, 욕구불만 또는 불운한 존재로 묘사된 대상과 동일시하고 있을 때 3점. 모호한 또는 양면적인 환상: 응답자가 불분명하거나 애매하거나(해설자와 같이) 양가적이거나 아무런 감정이 없는 것으로 묘사된 대상과 동일시할 때, 좋은 것으로 묘사된 대상과 동일시할 때 4점. 유쾌한 환상: 응답자가 TV를 보거나 구조 받는 것과 같이 수동적이지만, 운 좋은 것으로 묘사된 대상과 동일시할 때 5점. 소원을 이루는 환상: 응답자가 행복하고, 사랑받고, 강력하고, 존경스럽고, 친밀하고, 파괴적이고, 긍정적이고, 목표를 달성하는 것으로 묘사된 대상과 동일시할 때
유머	1점. 강하고 공격적인 유머, 생명에 위협을 느끼거나 폭력의 희생자를 보고 웃게 될 때. 벌이나 과도한 힘의 욕구가 보일 때 2점. 보통의 공격적인 유머, 고통 받고, 당황하거나 좌절하거나 불행한(자신을 포함하여) 누군가를 보고 웃게 될 때 3점. 불분명하거나 애매모호한 유머의 사용, 좌절시키는 행동에서 사랑하는 행동, 어리석은 행동에서 위험한 행동과 같은 긍정적이거나 부정적인 대상을 보고 웃게 될 때 4점. 자신을 망신시키는 유머, 동정이나 존경을 초래할 대상을 보고 웃게 될 때(예로, 쾌활한 모습, 대처 능력) 5점. 즐거운 유머, 즐거움, 이중적 의미나 말장난을 공유할 때(적개심, 부정, 숨겨진 의미가 없다)

(3) 관찰화

준거	해석
좌우	0점. 좌우관계가 바른 순서로 된 물체가 1개 있을 때 1점. 좌우관계가 바른 순서로 된 물체가 2개 있을 때 2점. 2개 물체가 정확한 좌우 순서로 되어 있을 때 3점. 3개의 근접 또는 2쌍이 정확한 좌우 순서로 되어 있을 때 4점. 4개 모두가 대략 정확한 순서로 되어 있지만, 주의 깊게 관찰해 보면 정확하지 않을 때 5점. 모든 물체가 정확한 좌우 순서로 되어 있을 때
상하	0점. 모든 물체가 편평할 때, 높이를 나타내지 않을 때 1점. 모든 물체가 거의 같은 높이일 때 2점. 2개의 물체가 대략 정확한 높이로 되어 있을 때 3점. 3개의 물체가 대략 정확한 높이로 되어 있을 때 4점. 4개의 물체가 대략 정확한 높이이지만 주의 깊게 관찰해 보면 정확하지 않을 때 5점. 모든 수직관계가 정확하게 표시되어 있을 때
깊이	0점. 배열이 눈높이보다 아래에 제시되어 있어도 모든 물체가 수평적으로 일렬이거나 근접한 물체들이 깊이가 정확하게 관련되어 있지 않을 때 1점. 1개의 물체가 기초선 위나 아래에 있고, 그 외의 것은 전후 관계가 부정확할 때 2점. 2개의 물체가 전후 관계에서 대략 정확할 때 3점. 3개의 근접한 물체 또는 두 쌍이 전후 관계가 대략 정확할 때 4점. 4개 물체 모두가 전후 관계가 대략 정확하지만, 자세히 관찰하면 아닐 때 5점. 모든 전후 관계가 정확하게 나타나 있고 배치 용지가 그림에 포함되어 있을 때

5) 사 례

내담자는 초등학교 3학년 발달장애 아동이다.

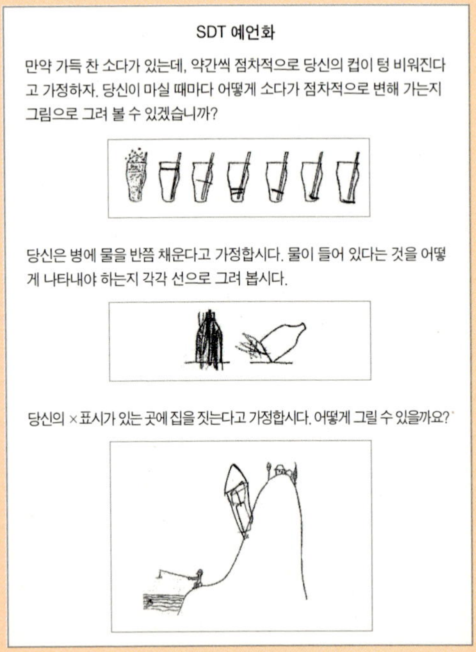

• 그림 1-4 • 예언화

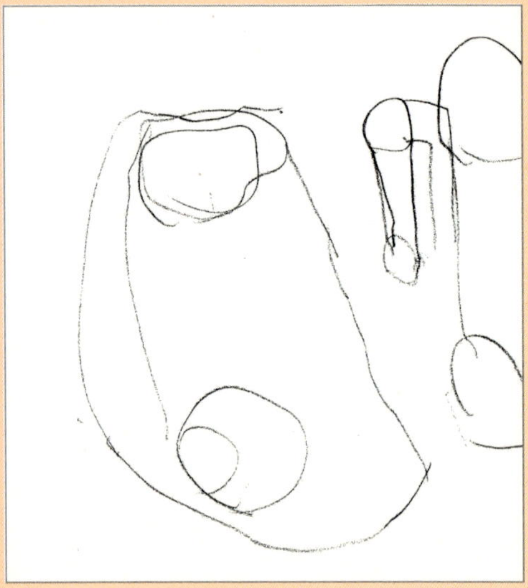

• 그림 1-5 • 관찰화

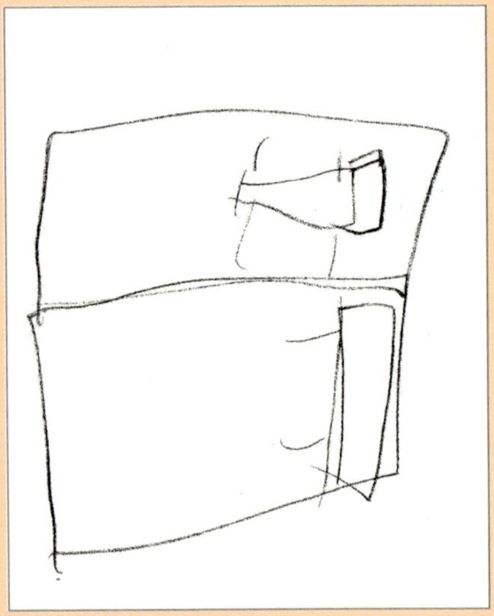

• 그림 1-6 • 상상화

예언화의 계열에서는 두 개의 선이 나타나며(2점) 수평 영역에서는 기울어진 병에서 물이 쏟아진다고 하며 병 밖에 물을 그렸다(0점). 수직 영역에서는 집을 언덕에 경사지게 그렸다(2점). 관찰화에서는 수평관계에서 3개가 대략 정확한 순서로 되어 있고(3점), 수직관계는 2개가 대략 정확한 높이로 되어 있으며(3점), 전후 관계는 1개의 물체가 기초선 위에 있으며 나머지는 부정확하다(1점). 상상화에서는 침대와 TV를 선택하여 자신이 친구들에게 방을 소개하겠다고 하였다. 선택 능력에서 배치나 관련성이 있지만 사물만 표현되어 있는 수준(2점)이다. 결합 능력에서는 방에 각각 나열되어 근접성 수준이다(2점), 표현 능력에서는 모방하려는 수준(1점)이다. 정서적 내용은 다소 긍정적인 내용(4점)이며 자아상도 유쾌한 상상(4점)으로 나타난다. 내담자는 생활연령이 9세이지만, 예언화에서는 6세 미만 수준, 관찰화에서는 약 7세 수준이며, 상상화에서는 6세 미만으로 인지 수준을 보이고 있으며, 정서적 내용은 긍정적인 상태로 나타난다.

참고도서

Silver, R.(2002). *Three Art Assessments*. 이근매, 조용태, 최외선 역(2007). 세 가지 그림심리검사. 서울: 시그마프레스.

5 사과나무에서 사과를 따는 사람 그림

사과나무에서 사과를 따는 사람 그림(Person Picking an Apple from a Tree: PPAT)은 Gantt와 Tabone(1998)이 『미술치료 척도의 형식 요소(*The Formal Elements Art Therapy Scale*)』라는 책을 통해 소개하고 있다. PPAT가 다른 그림검사와 구별되는 것은 한 장의 종이에 나무와 사람의 모습이 같이 나타나고, 동작성이 있으며, 제시된 주제가 문제해결을 요구하고 있고, 구체적인 대상과 해결방식을 그리는 것이므로 그린 사람의 문제해결 능력을 측정할 수 있다는 점이다(박성혜, 2011).

1) 목 표

① 문제해결 방식과 문제해결 능력을 진단한다.
② 우울증, 조증, 뇌기능장애, 정신분열증 등의 심리상태를 파악한다.

2) 준비물

8절지, 12색의 마커(빨강, 노랑, 주황, 밝은 파랑, 파랑, 연두, 녹색, 갈색, 고동, 분홍, 보라, 검정)

3) 방 법

① 지시문은 다음과 같다.

"사과나무에서 사과를 따는 사람의 그림을 그리세요."

② 제한 시간은 없다.
③ 질문에 대해서는 "자유롭게 그려 주세요."라고 한다.

4) 진단기준(Gantt & Tabone, 1998)

(1) 형식척도

준거	해석
색칠 정도	0점. 그림을 전혀 그리지 않음 1점. 형태의 테두리선에만 색이 사용됨 2점. 한 가지에 색칠이 됨 3점. 두 개 이상의 항목에 색칠이 됨 4점. 모든 대상에 색칠이 됨 5점. 공간까지도 색칠이 됨
색의 적절성	0점. 그림을 전혀 그리지 않음 1점. 한 가지 색 사용: 밝은 파랑, 보라, 주황, 노랑, 분홍 중 한 가지 2점. 한 가지 색 사용: 빨강, 연두, 초록, 갈색, 고동, 검정 중 한 가지 3점. 몇 가지의 색이 적합하게 사용됨 4점. 대부분의 색이 적합하게 사용됨 5점. 모든 색이 적합하게 사용됨
내적 에너지	0점. 그림을 전혀 그리지 않음 1점. 최소한의 에너지 2점. 적은 에너지 3점. 보통 에너지 4점. 상당한 에너지 5점. 과도한 에너지
공간	0점. 그림을 전혀 그리지 않음 1점. 공간을 25% 미만 사용함 2점. 공간을 25~50% 정도 사용함 3점. 공간을 50% 사용함 4점. 공간을 75% 사용함 5점. 공간을 100% 사용함
통합	0점. 그림을 전혀 그리지 않음 1점. 전혀 통합되지 않음 2점. 최소 2개의 요소가 가깝지만 관련성이 없음 3점. 2가지 요소 간 관계가 있음 4점. 3가지 이상 관련이 있음 5점. 완전히 통합되어 있음

논리성	0점. 그림을 전혀 그리지 않음 1점. 적당하지 않은(기괴한) 요소가 4개 이상 2점. 적당하지 않은 요소가 3개 3점. 적당하지 않은 요소가 2개 4점. 적당하지 않은 요소가 1개 5점. 완전히 논리적임
사실성	0점. 그림을 전혀 그리지 않음 1점. 사람이나 사과, 나무를 확인할 수 없음 2점. 그림의 항목을 구분할 수는 있으나 매우 단순한 단일 선이나 형태만 그림 3점. 일부 그림 내 항목은 완전하게 그림 4점. 비교적 사실적임 5점. 3차원적으로 잘 그림
문제해결력	0점. 그림을 전혀 그리지 않음 1점. 사과가 손에도 바구니에도 없음 2점. 사람이 사과를 손이나 바구니에 가지고 있으나 어떻게 가졌는지 알 수 없으며 사람이 사과나무를 향하고 있지 않음 3점. 사과를 가지고 있거나 땄는데 비현실적인 해결책을 사용함 4점. 사람은 땅에 있거나 다른 현실적인 받침(사다리나 바위)이 있고 사과를 향하고 있음 5점. 사과를 손에 가지고 있음
발달단계	0점. 그림을 전혀 그리지 않음 1점. 난화 형태 2점. 4~6세: 기저선이 없고, 사람의 팔이 머리에서 나오고, 기하학적인 사람 표현 3점. 7세 이후 아동기: 기저선이나 하늘선이 보이고 대상은 기저선 위에 있음 4점. 청소년기로서 대상은 실제 크기, 다른 대상과 관계가 있으며, 겹쳐지기도 함 5점. 예술적인 세련됨이 보임
세부묘사	0점. 그림을 전혀 그리지 않음 1점. 단순하게 그려진 사람, 나무 사과 외에 기타 묘사가 없음 2점. 사람이나 사물에 부가물이 있음 3점. 1~2개의 부가적 주변 묘사물(예: 꽃, 해)이 있음 4점. 주요 항목에 부가물이 있고, 많은 주변 환경물(예: 구름, 새, 다른 나무, 장식물, 머리띠, 허리 벨트 등)이 있음 5점. 모든 주요 항목에 부가물이 있고, 독창적이고 풍부한 주변 환경을 묘사(울타리, 집, 특별한 장식의 옷)

선의 질	0점. 그림을 전혀 그리지 않음 1점. 산만하고 조절되지 않은 선 2점. 손의 떨림이 느껴지는 선 3점. 부분적으로는 잘 연결되어 있고 일부분은 끊어지고 점으로 그려진 선 4점. 잘 조절된 선 5점. 지나치게 강하고 흐르는 듯한 선
사람	0점. 그림을 전혀 그리지 않음 1점. 사람의 형태로 인식하기 어려운 경우 2점. 신체의 일부만 있거나 단순화된 형태 3점. 최소한 동그라미 머리 형태를 가진 막대기 형태의 사람 4점. 일부 손상된 신체상을 그림 5점. 생략된 부분이 없는 3차원적인 신체상을 그림
변환성 (기울기)	0점. 그림을 전혀 그리지 않음 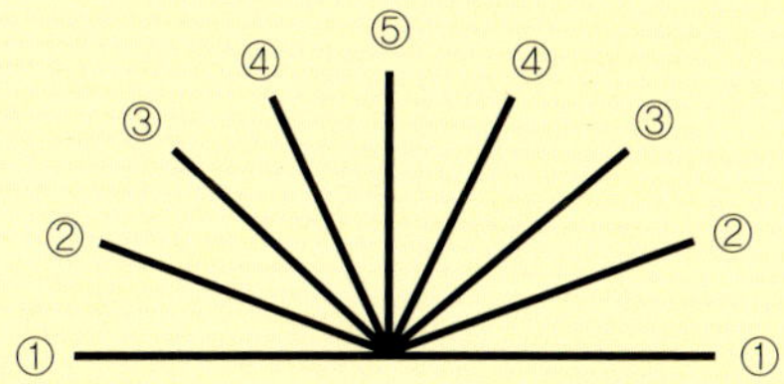
보속성 (반복성)	0점. 그림을 전혀 그리지 않음 1점. 보속성이 상당히 많이 있음(예를 들어, 선을 그리고 또 그려서 움푹 들어갈 정도로 종이가 닳음) 2점. 보속성이 많이 있음 3점. 보속성이 어느 정도 있음(예를 들어, 다수의 가지로 보이는 작은 흔적과 같은 것이나, 오직 한 영역에만 선을 반복적으로 그림) 4점. 보속성이 조금 있음 5점. 보속성이 없음

(2) 내용척도

준거	해석
용지의 방향	• 가로 • 세로
사용된 색의 수	빨강, 노랑, 주황, 밝은 파랑, 파랑, 연두, 녹색, 갈색, 고동, 분홍, 보라, 검정
사람	• 사람 없음 • 사람 있음
사람에 사용된 색	빨강, 노랑, 주황, 밝은 파랑, 파랑, 연두, 녹색, 갈색, 고동, 분홍, 보라, 검정
사람의 성	• 알 수 없음 • 분명한 남자 • 모호한 남자 • 분명한 여자 • 모호한 여자
사람의 실제적인 에너지	• 엎드려 있음 • 앉아 있음 • 땅에 서 있음 • 사다리(받침대)에 서 있음 • 방향 없음 • 사과나무를 향함 • 둥둥 떠 있음 • 매달려 있음 • 뛰어오름 • 뛰어내림 • 기어오름 • 날고 있음 • 기타
사람의 얼굴방향	• 평가할 수 없음 • 정면: 생김새 없음 • 정면: 생김새 있음 • 옆얼굴 • 얼굴의 3/4 보임 • 뒷모습
나이	• 평가할 수 없음 • 아기, 어린이 • 청소년, 성인
옷	• 모자 • 옷이 없음(막대형 사람) • 나체 • 옷으로 추측됨 • 잘 그려진 옷(사람과 다른 색으로 표현된 옷) • 전통의상
사과나무	• 사과나무나 가지, 줄기가 분명하지 않음 • 오로지 1개의 사과만 있음 • 나무줄기는 없고 한 가지에 사과가 1개 달림 • 나무줄기, 수관이 있으면서 사과가 1개 달림 • 2~10개의 사과 • 10개가 넘는 사과 • 사과가 수관의 가장자리에 위치
사과나무의 색	• 나무줄기: 갈색(황토색), 고동, 검정, 기타 • 수관: 연두(진초록), 기타 • 사과: 빨강, 노랑, 주황, 연두(진초록), 두 가지 색 이상, 기타
주변 환경의 묘사	• 없음 • 자연물: 해, 일출, 일몰/잔디와 지평선/꽃/다른 나무/구름, 비, 바람/산과 언덕/호수와 연못/시냇물, 강, 작은 내/하늘/무지개 • 동물: 개/고양이/소, 양, 농장동물들/나비/기타/상상의 동물 • 무생물: 울타리/집/길, 도로/자동차, 트럭, 마차/기타/사다리/바구니/상자/컨테이너/사과따는 기구/막대기/사인/기타
다른 형태들	• 글쓰기(사인 이외의 것) • 숫자(날짜 이외의 것) • 기하학적인 형태 • 표면상의 무질서한 기호들 • 기타

5) 사 례

내담자는 중학교 1학년 여학생이다.

● 그림 1-7 ● PPAT(중학교 1학년 여학생)

내담자의 그림을 PPAT의 형식척도를 기준으로 살펴보면, 검정색으로 형태의 테두리선만 그렸으며 공간도 25% 미만으로 사용하고 있다. 사과나무와 사람이 관련을 맺고 있으며 사실적이고 논리적이며 사과를 손에 가지고 있다. 발달적으로는 도식기의 형태를 보이고 있다. 주변 환경은 묘사된 것이 없고 선의 질은 손의 떨림이 나타난다. 사람은 막대기 형태로 그려졌으며 기울기나 보속성에서는 특이한 사항은 나타나지 않는다. 내용척도를 기준으로 살펴보면, 사람은 자신을 그렸고 몸은 정면이나 얼굴은 옆모습으로 표현되었으며 막대형의 모습으로 옷을 입었는지 분명하지 않은 모습이다. 사과나무에는 사과가 맺혀 있으나 가지는 나타나지 않고 사람과 사과나무에 사용된 색은 검정색뿐이며 주변은 전혀 묘사되지 않았다. 이러한 표현에서 볼 때 내담자는 사고 면에서는 양호한 편이지만 미성숙한 면이 나타나고 심리적 에너지가 낮은 편이며 자기내면에 몰입되어 있어 주변 환경에 대해 관심이 적고 다소 우울한 것으로 볼 수 있다. 실제 내담자는 한부모가정 자녀로 초등학교 저학년 때부터 집안일을 도맡아 하면서 아버지에 대한 원망, 어머니에 대한 그리움을 가지고 있었으며 이러한 상황의 지속으로 다소 우울해져 있었다. 학교에서의 대인관계에도 영향을 끼쳐 친구관계가 원만하지 못한 상태여서 학교도 가고 싶지 않다고 말하는 등 회피하고자 하는 강한 욕구를 보이고 있었다.

6 새둥지화

새둥지화(Bird's Nest Drawing: BND)는 가족화를 통해 얻을 수 있는 개인의 가족에 대한 인지와 가족구성원 간의 갈등에 대한 정보와 유사한 정보를 얻을 수 있으며, 애착체계와 애착과 관련된 가족역동성의 개인내적 표상을 평가하는 데 유용하다(Francis, Kaiser, & Deaver, 2003).

1) 목 표

애착체계를 평가하고 애착 관계성과 친밀감에 대한 이해를 높이며 손상된 애착을 치료하는 데 도움을 준다.

2) 준비물

A4 용지, 지우개, 연필, 8색의 가는 마커펜(검정, 빨강, 노랑, 파랑, 초록, 주황, 갈색, 보라)

3) 방 법

① 지시문은 다음과 같다.

"새 둥지를 그리세요."

② 지시어 외에 피검자의 질문에 대해서는 "자유롭게 그리세요."라고 한다.

③ 제한 시간은 없다.

4) 고려할 점

① 지시문을 "새둥지가 있는 그림을 그리세요."라고 제시할 수 있다.

② 그림을 그린 후 질문을 통해 내담자의 이해를 도울 수 있다.

③ 아동을 대상으로 검사를 실시하는 경우 이미애(2004)의 연구 등을 참고하고, 청소년을 대상으로 검사를 실시한 경우 김갑숙, 전영숙(2008)의

연구 등을 참고하여 평가할 수 있다.

5) 진단기준(Kaiser, 1993, 1996)

구 분	애착지표	채점준거
둥지의 담는 기능	내용(contents)	둥지에는 내용물이 있는가?
	나무(tree)	둥지는 나무에 의해 지지받고 있는가?
	바닥(bottom)	둥지에는 바닥이 있는가?
	담을 가능성(able to contain)	떨어지지 않도록 둥지는 기울지 않는가?
정신건강/병리학 관련 요소	공간(space) 사용	종이를 1/3 이상 사용하였는가?
	배치(placement)	둥지를 중심에 두었는가?
	색상(colors)	3~4개의 색상을 사용하였는가?
	선의 질(line quality)	선은 적절한가?
	둥지(nest)의 크기	여백(대상물)이 1/3 이하인가?
개정판 새 요소	아기 새들(baby birds)	아기 새들이 들어 있는가?
	부모 새들(parent birds)	부모 새들이 들어 있는가?
	아기 또는 부모 새들 (either baby or parent birds)	아기 또는 부모 새들이 들어 있는가?
	두 부모 새들(two parent birds)	두 부모 새들이 들어 있는가?
	알들(eggs)	(새는 없고) 단지 알들만 들어 있는가?

6) 사 례

내담자는 초등학교 6학년 여학생이다.

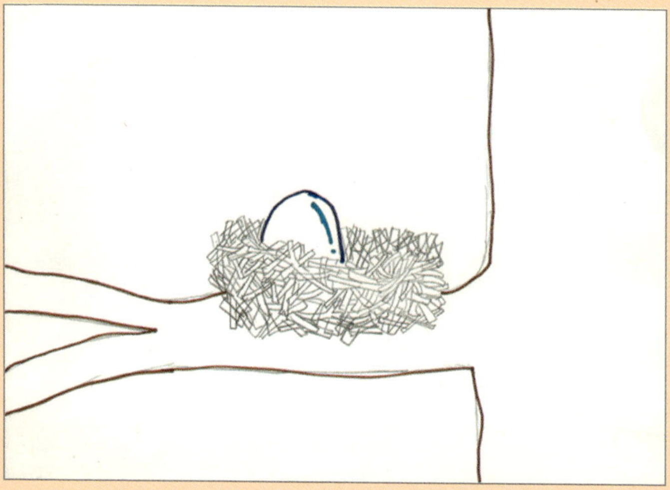

• 그림 1-8 • BND(초등학교 6학년 여학생)

내담자의 새둥지화에는 둥지에는 알만 있고 나무에 의해 지지받고 있으며 기울어지지 않았지만 안정감이 낮다. 정신건강과 관련하여 보면 1/3 이상의 공간을 사용하였으며 둥지는 가운데 위치하고 크기는 작은 편이며 색상은 세 가지를 사용하였고 선의 질은 약간의 떨림이 보인다. 아기 새나 어미 새는 보이지 않는다. 내담자는 이 상황에 대해 "어미 새는 먹이를 구하러 갔는데 오겠죠."라고 답하였다. 내담자는 맞벌이가정이어서 부모와 상호작용할 기회가 적으며, 집에서도 거의 말을 하지 않는 등 자기표현을 하지 않고 TV만 보고 지내며 친구가 없고 혼자 있는 것이 편하다고 하였다. 분석기준과 PDI를 바탕으로 살펴보면, 부모로부터 정서적 지지가 부족하고 우울하고 위축되어 가족이나 타인과 거리를 두고 있는 등 낮은 안정애착수준으로 나타난다.

참고도서

김갑숙, 전영숙(2008). 새둥지화를 통한 청소년의 부모애착수준 타당화 연구. 한국생활과학회지, 17(6), 1065-1077.

박주원(2011). 부모애착수준에 따른 새둥지화(BND) 반응특성연구. 서울여자대학교 석사학위논문.

이미애(2004). 미술치료가 불안정애착아동의 애착안정성과 사회적 능력에 미치는 효과. 경상대학교 박사학위논문.

7 얼굴자극 그림검사

Betts(2001)는 중도정신지체나 발달장애 청소년들이 사람 그리기와 같은 기본적인 지시에도 잘 따르지 못할 뿐만 아니라 시각적 자극물에 동기화되지 않으면 그리기에 흥미를 갖지 못한다는 것에 주목하였다. 그 후 울만 성격평가절차(Ulman Personality Assessment Procedure: UPAPP), 사과나무에서 사과를 따는 사람 그림검사(Draw a Person Picking an Apple from a Tree: PPAT) 등에 착안하여 표준화한 얼굴자극 이미지를 활용하여 얼굴자극 그림검사(Face Stimulus Assessment: FSA)를 개발하였다(김순란, 2010).

1) 목 표

사람얼굴의 구성요소를 조직화하는 능력과 기억력, 시각적 유지능력을 파악한다.

2) 준비물

8색의 크레욜라 마커(빨강, 주황, 노랑, 초록, 파랑, 보라, 갈색, 검정), 자극그림1, 자극그림2, 자극그림3(A4 용지)

3) 방 법

① 각 자극그림에 대한 지시문은 다음과 같다.

"마커와 이 종이를 사용하세요."

② 검사시간은 50분에서 최대 60분까지로 제한하며 한 장의 그림에 20분 이상 걸리면 시간을 잘 배분하도록 남은 시간을 알려 준다.

③ 자극그림1을 주고 지시문을 말한다.

④ 그림1을 완성한 후에 그림1을 내담자의 눈앞에서 보이지 않게 완전히 치우고 자극그림2를 제시하고 지시한다.

⑤ 그림2를 완성하면 그것을 완전히 치우고 자극그림3을 세로 방향으로 놓아 주면서 지시한다.

⑥ 작업이 끝나면 그림에 대해 이야기를 한다.

- 그림을 보니 어떤 느낌이 듭니까?
- 그림을 보니 어떤 생각이 듭니까?
- 지금 어떤 기분입니까?
- 이 그림 앞에서는 어떤 느낌이 들어야 할 것 같습니까? 왜 그럴까요?
- 그림을 가지고 싶으세요? 어떤 이유로 가지고 싶은가요? 가지고 싶지 않은가요?
- 그림이 그 자체로 멋지다고 생각합니까? 멋지거나 멋지지 않거나 왜 그럴까요? 판단 기준이 있습니까?
- 그림에 문화적 의미가 들어 있습니까? 그 의미는 사회적으로 중요한 건가요?
- 그림을 그린 자신을 더 잘 이해하는 데 달리 중요하다고 생각하는 내용이 그림에 들어 있습니까?

4) 진단기준(Betts, 2003)

지 표	준거 및 점수
색칠 정도	0점. 어떤 개체인지 평가할 수 없음. 그림을 그리지 않았거나 주어진 매체를 사용하지 않음 1점. 사물의 윤곽이나 선에만 색이 표현됨 2점. 1개의 사물 내부에 색이 있지만 대체로 윤곽에만 그려짐 3점. 2개 이상의 사물 내부에 색이 칠해짐 4점. 형상이나 사물의 윤곽, 내부에도 색이 칠해짐 5점. 형상이나 사물의 윤곽, 내부뿐만 아니라 주위 빈 공간까지 색이 칠해짐
색의 적절성	0점. 지시한 매체를 사용하지 않았거나 색상이 서로 구별되지 않는 경우 1점. 한 가지 색(파랑, 초록, 보라)만 사용 2점. 한 가지 색(검정, 갈색, 노랑, 주황, 빨강)만 사용 3점. 다수의 색상이 적절히 사용 4점. 대부분 색이 적절히 사용 5점. 모든 색이 다 적절하게 사용

내포된 에너지	0점. 그림 없음 1점. 최소한의 에너지 사용 2점. 비교적 적은 에너지 3점. 평균 정도 4점. 상당한 양 5점. 엄청난 양
논리성	0점. 어떤 개체인지 평가할 수 없음 1점. 그림이 전혀 논리성이 없거나 작업에 맞지 않는 4개 이상의 기괴한 사물 2점. 작업에 맞지 않는 3개의 기괴한 사물이 있음 3점. 작업에 맞지 않는 2개의 사물이 있음 4점. 1개의 기괴한 사물 5점. 기괴한 사물이 없고 그림에 비논리적인 요소가 없음
사실성	0점. 선과 형태들이 너무 많고, 사물을 구분하기 어려움 1점. 얼굴이나 장식품 등을 표현하려고 의도한 것으로 보이는 정도 2점. 구성요소가 구분되기는 하지만 매우 단순하게 그려진 정도 3점. 약간 복합적으로 그려진 정도 4점. 비교적 사실적으로 그려짐 5점. 매우 사실적임
발달단계	0점. 각각의 요소를 구분할 수 없어서 개체인지 평가할 수 없음 1점. 선과 모양의 집합이거나 난화로 구성된 정도 2점. 4~6세 수준의 그림 수준 3점. 잠재기 아동의 그림 수준 4점. 청소년이 그린 그림 수준 5점. 성인이 그린 그림 수준이거나 미술적 감각이나 교육을 받은 수준
세부 사항	0점. 각각의 요소를 구분할 수 없어서 개체인지 평가할 수 없음 1점. 얼굴이나 몇몇 부위가 그려져 있지만 매우 단순함 2점. 얼굴과 한두 가지 자세함이 추가된 정도 3점. 얼굴과 두세 가지 자세한 내용이 추가된 정도 4점. 지평선, 보석, 머리 끈, 안경, 속눈썹 등 많은 항목이 추가된 정도 5점. 얼굴, 얼굴의 자세한 표현, 장식물이 그려지고 천의 형태, 배경 등 풍부한 창의적인 표현
선의 질	0점. 개체인지 평가할 수 없음 1점. 선을 그리는 데 실수가 많고 통제가 잘 안 된 표현 2점. 손의 떨림이 보이는 선 3점. 연속된 선, 끊어진 선, 반복되는 점이나 짧은 선 4점. 통제된 선 5점. 매우 유연하게 물 흐르는 듯한 선

반복성/집요성	0점. 개체인지 평가할 수 없음 1점. 아주 많이 반복이 그려진 그림 2점. 상당히 반복이 많은 그림 3점. 적당한 반복이나 한 영역에서 반복 4점. 약간의 반복 5점. 반복이 없음

5) 사 례

내담자는 초등학교 3학년 발달장애 아동이다.

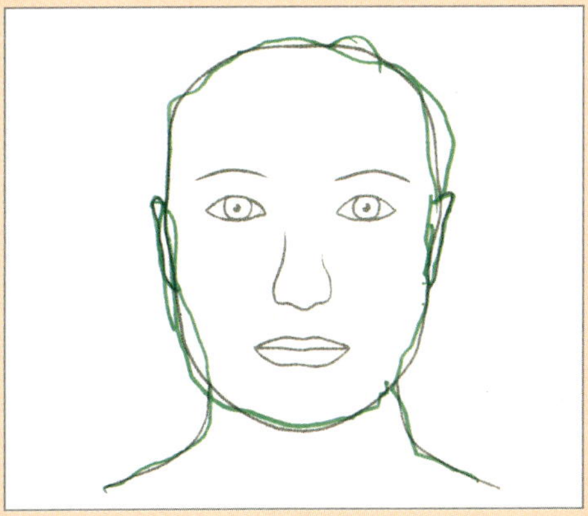

• 그림 1-9 • FSA(초등학교 3학년 남학생)

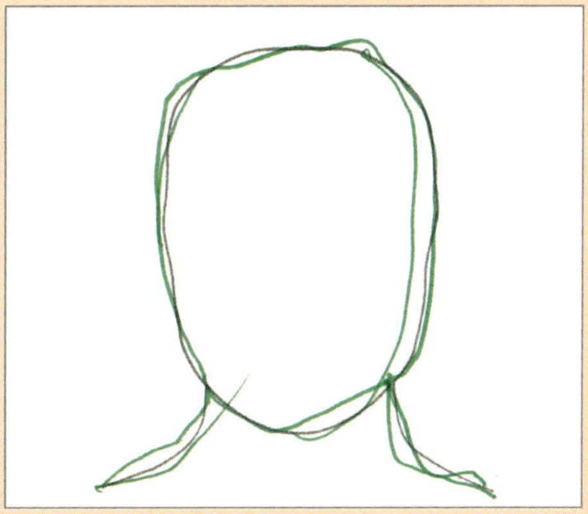

• 그림 1-10 • FSA(초등학교 3학년 남학생)

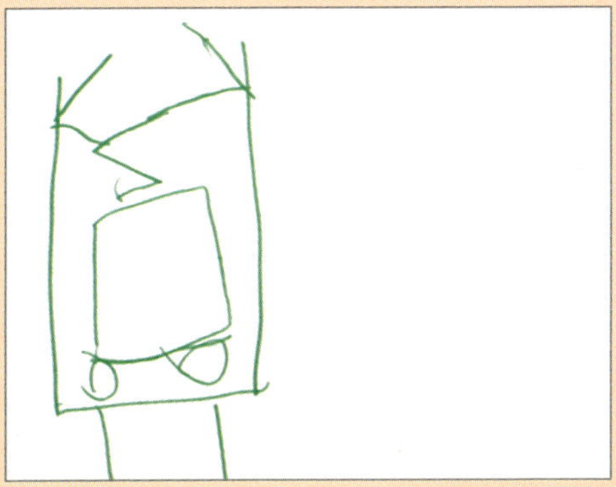

• 그림 1-11 • FSA(초등학교 3학년 남학생)

[그림 1-9]는 자극에 대해서 초록색으로 얼굴의 윤곽선만 최소한의 에너지를 사용한 정도다. 기괴한 표현은 없으나 그림의 자극 윤곽선만 따라 그린 정도로 세부묘사는 전혀 없다. [그림 1-10]은 주어진 윤곽선만 같은 색으로 그렸으며 세부묘사는 전혀 그려지지 않았다. [그림 1-11]은 같은 초록색으로 기차와 철로를 그렸다. 그림에 대해 [그림 1-9]는 사람이 기차만 생각하고 기관사가 되고 싶다고 하였으며 [그림 1-10]의 내용도 같으며, [그림 1-11]에서는 기차가 전기를 좋아한다고 하였다. 그림으로 보아 특히 얼굴 구성요소를 조직하는 능력이 낮고 기억력이나 시각적 유지력 또한 매우 낮은 것으로 볼 수 있다. 내담자는 발달장애 아동으로 기차에 대한 관심이 매우 높으며 기차를 의인화하여 표현하는 경우가 많다. 따라서 FSA에 따르면 내담자는 낮은 기억력과 환경에 대한 관심이나 표현이 적으며 자기의 내면에 몰입된 상태라고 볼 수 있다.

참고도서

김순란(2010). 얼굴자극그림검사(FSA)의 평가기준 개발 및 타당화 연구. 영남대학교 박사학위논문.

8 좋아하는 날씨 그림검사

FKD(A Favorite Kind of Day) 그림은 자연의 거칠고 공격적인 표현으로 학대피해 아동을 변별하고 치료하기 위하여 예술심리학자인 Trudy Manning(1987)이 고안하였다. 정진숙(2011)은 Manning(1987)의 FKD 그림의 평가기준, 미술치료의 형식요소평가척도(FEATS), Gantt와 Tabone(1998)의 빗속의 사람(PITR)그림의 평가기준을 참고로 하여 평가기준을 명확하고 객관화하여 좋아하는 날씨 그림(A Favorite Kind of Weather: FKW)이라고 명명하였다.

1) 목 표

학대피해 아동을 변별한다.

2) 준비물

A4 용지, 10색의 크레용(빨강, 주황, 노랑, 갈색, 파랑, 초록, 분홍, 보라, 회색, 검정)

3) 방 법

① 지시문은 다음과 같다.

"자신이 좋아하는 날씨를 그리세요."

② 기타 질문에는 "자유입니다."라고 대답하여 그림에 어떠한 단서를 제시하지 않는다.

③ 그림 완성 후 몇 가지 질문을 하고 이야기를 나눈다.

4) 진단기준(정진숙, 2011)

(1) 형식 척도

준거	해석
채색 정도	1점. 형태(테두리만) 2점. 부분적 3점. 형태와 공간 모두
채색 에너지	1점. 약하게(공간을 채우지 않고 연하고 약하게) 2점. 보통 3점. 반복적, 강하게(반복적으로 겹쳐서 또는 강하게)
채색 안정성	1점. 불안정(산만하고 방향이 일정하지 않고 불규칙적) 2점. 보통 3점. 안정적(채색의 방향이 일정하고 균일하며 규칙적)
색 사용수	1점. 1개 2점. 2~5개 3점. 6개 이상
공간 사용	1점. 50% 미만 2점. 60~90% 3점. 90% 이상
세부묘사	1점. 없음 2점. 한두 가지 3점. 세 가지 이상

(2) 내용 척도

준거	해석
먹구름	1점. 없음 2점. 조금 있음(전체 면적의 20% 이하) 3점. 많음(전체 면적의 20% 이상)
비	1점. 없음 2점. 조금 있음(전체 면적의 50% 이하, 비와 비 사이의 간격이 1.5cm 이상) 3점. 많음(전체 면적의 50% 이상, 비와 비 사이의 간격 1.5cm 미만)

번개	1점. 없음 2점. 1~2개 3점. 3개 이상
움직임	1점. 없음 2점. 조금 있다(위에서 아래로 떨어지는 형태, 전체 면적의 50% 이하, 형태와 형태 사이의 간격 1.5cm 이하) 3점. 많음(위에서 아래로 떨어지는 형태, 전체 면적의 50% 이상, 형태와 형태 사이의 간격 1.5cm 이상)

5) 사 례

내담자는 고등학교 1학년 여학생이다.

• 그림 1-12 • FKW(고등학교 1학년 여학생)

내담자의 그림을 형식 척도에 의해 살펴보면, 형태만 그려져 있으며 채색은 하다가 그만두었고 보통의 에너지로 표현되었으며 채색의 방향은 불규칙적이고 산만하다. 노란색을 주로 사용하고 눈사람의 눈과 코를 검정색으로 점을 찍듯이 표현하였다. 공간은 90% 이상 사용하였으며 눈사람을 추가하여 그렸다. 내용 척도 면에서 볼 때, 먹구름이나 번개는 없으나 눈이 면적을 거의 차지하고 있으며 내리는 눈으로 보아 움직임은 많다. 외면적으로는 활동적이지만 내면적으로는 공허한 상태이며 심리적으로 안정감이 낮은 상태라 볼 수 있다. 날씨가 눈으로 표현되어 폭력으로 인해 정서적으로 내담자가 겪고 있는 상황이 가혹하다고 보인다. 실제 내담자는 말이 많은 편이며, 학교에서도 친구들을 통제하거나 과잉 배려하는 모습을 보이고 있었으며 가끔 자신도 모르게 눈물이 흐르는 날이 있어 자기도 이유를 모르겠다고 하였다. 조손가정 자녀로 초등학교 이후 집안일을 맡아 하고 오빠가 언어적, 신체적으로 매우 가학적이었지만 이에 대응하지 못하며 생활하고 있었다. 이러한 표현에서 내담자의 FKW는 가정폭력으로 인한 불안과 가혹한 심리상태를 반영하고 있다.

9 모자화

미국의 임상심리학자인 Gillespie(1994)의 연구에 따르면 모자화(Mother-and-Child Drawings: MCD)는 Klein이 발전시킨 대상관계를 이론적 배경으로 하고 있다. 이 이론을 바탕으로 그림에 투사된 어머니상과 아이상의 교류를 통해 내담자 마음속에 있는 어머니와 아이의 관계를 파악하고, 현실의 대인관계를 이해하고자 하는 것이다.

1) 목 표

내면화된 어머니와 자녀 관계를 탐색하고 현실의 대인관계를 이해한다.

2) 준비물

A4 용지, 3B 연필, 지우개

3) 방 법

① 지시문은 다음과 같다.

"어머니와 아이의 그림을 그려 주세요."

② 그리는 동안의 질문에 대해서는 "자유입니다."라고 말하여 자유롭게 표현하도록 한다.

③ 용지를 세로로 하여 그리는 경우에도 별다른 주의를 주지 않고 그대로 그리도록 한다.

④ 그린 후 다음과 같은 질문을 한다(Gillespie, 1994).

- 아이의 성별은 무엇입니까?
- 아이는 몇 살 정도입니까?
- 어머니는 몇 살 정도입니까?
- 어머니와 아이는 무엇을 하고 있는 중입니까?

- 아이는 무슨 생각을 하고 있습니까?
- 어머니는 무슨 생각을 하고 있습니까?
- 어머니와 아이의 어느 쪽에 친밀감이 느껴집니까?

4) 진단기준(Gillespie, 1994)

준거	해석
표정	1점. 모자: 웃는 2점. 모: 웃는, 자: 웃지 않는 // 모: 웃지 않는, 자: 웃는 3점. 모자: 웃지 않는 4점. 모: 웃는, 자: 뒷모습 5점. 모자: 공백의 얼굴 // 모자: 뒷모습 // 모: 웃는, 자: 공백의 얼굴 // 모: 뒷모습, 자: 웃지 않는 // 모: 웃지 않는, 자: 공백의 얼굴 6점. 모: 웃지 않는, 자: 뒷모습 // 모: 공백의 얼굴, 자: 웃지 않는 7점. 모: 공백의 얼굴, 자: 웃는 8점. 모: 공백의 얼굴, 자: 뒷모습 // 모: 뒷모습, 자: 공백의 얼굴
신체 접촉	1점. 안고 있음 2점. 손을 잡고 있음 3점. 접촉 없음 4점. 아이로부터 접촉
눈맞춤	1점. 모 ↔ 자 2점. 모 → 자 3점. 눈맞춤 없음 4점. 자 → 모
모자화 점수 (①+②+③)	3점(양호), 4~5점(약간 양호), 6~9점(보통), 10~11점(약간 불량), 12~16점(불량)
PDI 지표	• 모자의 행위 ________________ • 어머니가 생각하고 있는 것 ________________ • 아이가 생각하고 있는 것 ________________

5) 사 례

내담자는 초등학교 5학년 남학생이다.

• 그림 1-13 • MCD(초등학교 5학년 남학생)

내담자의 모자화를 살펴보면, 표정에서 어머니는 웃지 않는 얼굴이며 자녀의 모습은 공백으로 표현되었다. 어머니만 그려져서 신체접촉이나 눈맞춤은 없다. 그림 속의 얼굴은 어머니의 얼굴이며 아이는 밖에서 논다고 표현하였고 다른 질문에는 반응이 없었다. 따라서 내담자에게는 안정된 어머니와 자녀의 관계 이미지가 내재화되지 못하였으며, 자신의 생각이나 감정의 표현을 억압하거나 방어하는 것으로 볼 수 있다. 초등학교 저학년 때 부모의 이혼으로 아버지와 누나와 함께 살고 있는 상황으로 어머니에 대한 양가적인 감정을 지니고 있다. 누나에게 매우 짜증을 많이 내고 있으며, 학교에서도 소극적이고 위축된 행동을 보이고 있었다. 모자화에 나타난 것과 같이 내담자는 안정적인 모자의 관계 이미지를 형성하고 있지 못하며, 타인에 대해 방어적이고 부정적인 감정을 표출하고 있는 것으로 보인다.

참고도서

馬場史津(2005). 母子畵. 이근매, 최외선 역(2012). 모자화. 서울: 시그마프레스.

Part 2

치료기법

제2장 자기탐색
제3장 가족 및 집단 탐색
제4장 매체 활용
제5장 북아트 활용

02
자기탐색

미술치료에서 자기에 대한 이해는 통찰의 중요한 기준이 된다. 지금까지 인식하고 있던 자기의 생각이나 감정과 다른 심리상태를 발견할 경우 과거와 현재를 이해하는 계기가 된다.

1 색으로 표현하는 지금-여기

빨간색을 볼 때와 파란색을 볼 때 우리가 느끼는 감각과 정서는 매우 다르다(Sun & Sun, 1992). '새하얗게 질리다' '눈앞이 까매지다' '붉으락푸르락하다' 등 우리의 정서를 색과 함께 표현하기도 한다. 치료 과정에서 만나는 내담자들 중 많은 사람들이 사고나 정서를 그 순간 표현하지 못하여 감정으로 쌓게 되고, 과거의 감정들이 현재의 삶에 영향을 미치고 있다는 것을 인식하게 된다. 지금-여기의 감정 표현은 보다 풍요로운 삶을 살 수 있도록 돕는다.

1) 목 표

① 지금-여기에서 느껴지는 감정들을 색으로 자유롭게 표현함으로써 지금-여기의 정서를 인식한다.
② 자신을 편안하게 하는 색을 선택하여 작업함으로써 색의 긍정적 효과를 경험한다.

2) 준비물

도화지, 색연필, 사인펜, 매직, 마커 등 원하는 채색도구, 전지, 물감, 물통, 접시, 빽붓

3) 방 법

① 눈을 감고 지금의 마음을 살펴본다.
② 지금의 기분이나 감정에 가까운 색을 선택한다.
③ 왼손으로 낙서하듯 손 가는 대로 마음대로 표현한다.
④ 도화지를 가득 메웠다면 또 다음 장에 같은 방식으로 그만하고 싶을 때까지 표현을 한다.
⑤ 감정으로부터 충분히 자유로워졌다고 느낄 때 그만두면 된다.

4) 임상장면에서의 적용

① 왼손으로 작업하는 이유는 우뇌와 좌뇌의 신경이 연수에서 교차하여 우뇌의 신경이 몸의 왼쪽과 연결되어 있기 때문이다. 좌뇌가 인지와 관련된다면 우뇌는 우리의 감정과 관련된다. 왼손의 움직임을 통해 감정을 보다 잘 표현할 수 있을 것이다. 왼손으로 작업하는 것을 힘들어한다면 오른손으로 작업할 수 있다.

② 내담자들은 그림에 대한 부담감을 갖기 쉬운데 왼손으로 작업하기 때문에 잘 그리기 어려우므로 그러한 부담감을 가볍게 할 수 있다.

③ 여러 장의 도화지를 사용하는 데 부담감을 느낄 수도 있으므로 처음부터 원하는 대로 충분히 사용할 수 있음을 안내한다.

④ 작업 후 다음과 같은 질문을 통해 내담자를 이해할 수 있다. "처음에는 어떤 감정이었는가?" "작업을 하는 중 그 마음은 어떻게 변화하여 갔는가?" "현재의 마음은 어떤가?" 그리고 감정과 관련된 경험에 대해 이야기를 할 수 있도록 안내한다.

5) 사 례

(1) 사인펜 작업

내담자는 중학교 3학년 여학생이다.

• 그림 2-1 • 색으로 표현하는 지금-여기(사인펜 작업)

내담자는 굳은 표정으로 빨간색을 선택해서 힘차게 낙서를 하듯 그리다가 검정색을 사용하여 그 위에 덧칠하였다. 표현한 빨간색과 검정색은 화난 감정을 의미하였다. 감정의 원인은 친구 사이의 갈등을 친구의 어머니가 개입하여 자신이 친구를 따돌린 것처럼 표현하며 학교 교사와 자기를 책망하고 이에 대해 교사는 참으라고만 하였기 때문이다. 이러한 감정을 색과 거친 선으로 표현함으로써 긴장감으로부터 심리적 편안함을 경험할 수 있었다.

(2) 물감 작업

내담자는 중학교 3학년 여학생이다.

• 그림 2-2 • 색으로 표현하는 지금-여기

• 그림 2-3 • 색으로 표현하는 지금-여기

내담자는 파란색으로 전지의 90%를 색칠하였다. 두 번째 작업에서는 주황색으로 반원을 그리듯 색칠한 후 노란색으로 남은 공간을 색칠하였다. 파란색에 대해 내담자는 좋아하지만 답답함을 느꼈고 보색계열인 주황색과 노란색에 대해서 기분이 좋아졌다고 표현하였다. 파란색은 내향적이고 사고적이지만 감정 표현을 잘하지 않는다는 의미이고, 주황과 노랑은 자기 표현을 선호하고 활기차고 적극적인 의미를 담고 있다고 안내하자, 내담자는 파란색처럼 살았는데 이제는 주황과 노랑의 의미처럼 되길 바란다고 하였다. 이 작업을 통해 자기의 지금-여기의 감정을 표현하고 욕구를 탐색할 수 있었다.

2 CRR 세 가지 색 표현

Howard와 Dorothy Sun은 색채심리검사(Color Reflection Reading: CRR)에서 여덟 가지 색—빨강, 주황, 노랑, 초록, 청록, 파랑, 보라, 마젠타—에서 지금 이 순간 마음에 끌리는 세 가지 색을 선택하도록 한다. 첫 번째 색은 개인적인 본질을 의미하고 두 번째 색은 현재와 관련된 색이며 세 번째 색은 목표, 내면적인 소망을 의미한다(Sun & Sun, 1992). 선택한 세 가지 색을 활용하여 자신을 표현함으로써 자신을 더 잘 이해하고 현재를 긍정적이며 발전적인 방향으로 안내한다.

1) 목 표

① 선택한 색을 통해 자신의 성격을 이해한다.
② 색을 표현하는 작업으로 감각적으로 자신의 욕구를 탐색하고 인식한다.

2) 준비물

색채심리검사용 도구(여덟 가지 색), 도화지, 물감, 팔레트, 물통, 다양한 크기의 붓

3) 방 법

① 색채심리검사 도구인 여덟 가지 색 중에서 세 가지 색을 선택하도록 한다.
② 세 가지 색의 의미를 안내한다.
③ 첫 번째 선택한 색을 사용하여 자유 작업을 한다.
④ 작업이 끝나면 자신의 본질을 주제로 이야기를 나눈다.
⑤ 두 번째 선택한 색을 사용하여 자유 작업을 하고 현재를 주제로 이야기를 나눈다.
⑥ 세 번째 선택한 색을 사용하여 자유 작업을 하고 미래나 목표를 주제로

이야기를 나눈다.

4) 임상장면에서의 적용

① 색채심리검사에서 세 가지 색을 선택할 때 오랫동안 생각하거나 좋아하는 색을 선택하려고 애쓰지 않고 순간적으로 선택하도록 안내한다.

② 작업 후 나누는 이야기의 주제는 반드시 자신의 본질, 현재, 미래일 필요는 없다. 작품의 제목을 붙여 보고 작업으로부터 표현된 내용을 중심으로 이야기를 나눌 수도 있다.

③ 특별한 이야기가 없다면 표현된 색에 대한 느낌이나 관련된 경험에 대해 이야기를 나눈다.

④ 색채 호흡이나 색채 시각화를 안내하여 실생활에 적용해 볼 수 있도록 할 수 있다.

5) 사 례

내담자는 고등학교 1학년 여학생이다.

• 그림 2-4 • CRR 세 가지 색 표현

색채분석법의 여덟 가지 색 중 초록, 파랑, 보라를 선택하였다. 초록색으로 언덕을 표현하고 파란색으로 구름을 그리고 보라색으로 바탕을 색칠하였다. 제목을 '어두침침한 오후'라고 하였으며 마음이 무겁게 느껴진다고 하였다. 학교를 자퇴한 후 후회도 되고 미래에 대한 걱정도 많아졌다고 하였다. 초록의 의미를 안내하니 자신은 아이들이 좋아서 유치원 교사가 되고 싶었다고 말하였다. 파랑은 현재와 관련된 색으로 생각이 많고 자기표현이 적다고 안내하니 수긍하였다. 보라는 예술적 기질을 발휘하고자 하며 타인을 돌보는 일에 대해 관심이 많을 수 있다고 안내하자 동화 작가이면서 일러스트레이터가 되고 싶은데 할 수 있을까 하는 의문이 든다고 하였다. 이 작업을 통해 현재의 삶에 대해 인식하고 미래에 대한 목표와 계획을 탐색해 보는 계기가 되었다.

3 감정 낙서

살아가면서 우리는 많은 감정들을 경험하게 된다. 그때그때 형성된 감정들을 자연스럽게 표현할 수 있는 상황이라면 감정이 무의식으로 억압되거나 쌓이지 않겠지만 그렇지 못한 환경일 때가 많다. 상황에 따라 어떤 감정의 표현은 허용되고 어떤 감정들은 허용되지 않아서 감정 표현이 서툴기도 하고 사고, 행동, 신체에 영향을 미치기도 한다. 다양한 감정들의 표현을 통해 감정을 수용하고 공감할 수 있는 기회가 필요하다고 본다(Lucia, 2001).

1) 목 표

① 다양한 감정들에 대해 낙서를 해 봄으로써 어떠한 감정들을 표현하고 표현하지 않는지를 인식한다.

② 자신의 감정을 의식하지 않고 자연스럽게 표현한다.

2) 준비물

4절 도화지 4장(또는 전지), 색연필, 사인펜, 마커, 매직, 크레파스, 파스텔 등의 채색도구

3) 방 법

① 이 작업은 왼손으로 활동하며, 낙서를 한다는 것을 안내한다.

② 이완, 명상을 통해 편안한 마음상태를 유지할 수 있도록 한다.

③ 감정 형용사를 하나씩 제시하면 그 감정 단어를 왼손으로 도화지에 쓰고 그 감정과 어울리는 매체, 색상을 선택하여 낙서를 한다.

④ 작업이 끝나면 다음 감정 단어를 제시하고 같은 방식으로 작업하게 한다.

⑤ 제시하는 감정 형용사는 다음과 같다. "두려운, 행복한, 화난, 당황한, 사랑하는, 슬픈, 흥분된, 쾌활한, 우울한, 바보 같은, 외로운, 확신에 찬,

혼란스러운, 희망적인, 평화로운"

⑥ 표현한 감정들에 대해 이야기를 나눈다.

4) 임상장면에서의 적용

① 명상 음악을 활용하여 심리적 안정을 도울 수 있다.

② 낙서에 대해 부담스러워 할 경우 치료자가 낙서를 하는 모습을 보여 줄 수 있다. 무언가를 그리는 것이 아니라 자유롭게 손 가는 대로 표현하여 내담자가 편안함을 느끼도록 한다.

③ 작업 후에는 표현한 감정들 중에서 재미있었던 감정, 재미없었던 감정, 평상시 자주 표현하는 감정, 자주 표현하지 않는 감정 등은 어떤 것인지 이야기를 나눌 수 있다.

④ 강렬하게 느껴지는 감정과 관련된 경험들을 다음 작업으로 안내할 수 있다.

5) 사 례

내담자는 중학교 1학년 남학생이다.

• 그림 2-5 • 감정 낙서

내담자는 열여섯 가지 감정에 대해 한 장면씩 그림으로 표현하고 그 위에 낙서하듯 선을 그렸다. 행복하거나 기쁜 감정은 많은 돈이 생길 때이고, 당황할 때는 책상에 엎드려 자고 있는데 엄마가 갑자기 방에 들어올 때이고, 억울할 때는 엄마가 가위 어쨌냐고 물을 때라고 하였다. 기쁠 때는 컴퓨터 게임에서 이길 때이고, 침울할 때는 성적표가 나왔을 때이고, 우울할 때는 변비가 생겼을 때라고 하였다. 희망은 보석으로, 사랑은 하트가 있는 카페라테로, 평화로움은 옥수수로 표현하고, 재미있음은 바나나 껍질에 미끄러지는 것, 지루함은 수학 등으로 표현하였다. 작업의 제목은 '다양한 감정'이라고 정하고 그림으로 표현하는 것이 힘들었지만, 이렇게 많은 감정이 있는지 생각하지 못했다고 하였다. 내담자는 학업성적은 매우 우수하였지만, 자기의 생각이나 감정을 표현하는 것이 서툴러서 원만한 친구관계를 형성하지 못하였는데 이 작업을 통해 감정 표현이 중요하다는 것을 인식하게 되었다.

4 감정 신체화

항상 감정들은 우리와 함께 존재한다. 사람을 만나고 인사를 하는 중에도 감정들은 생겨나며 텔레비전 프로그램을 볼 때도 다양한 감정들이 시시각각 나타난다. 이러한 감정들이 자연스럽게 표현되고 해소될 때 심리적으로 건강하게 생활할 수 있다. 그렇지 않을 경우 나타난 감정들은 신체에 머물게 되고 무의식에 저장된다. 신체화되고 무의식화된 감정들을 표현하도록 돕지 않는다면 이러한 감정들은 오래된 음식이 상하듯 악화되어 건강에 영향을 미치게 되고 욱하는 감정 표현을 쉽게 할 수 있다.

1) 목 표

① 감정 신체화를 통해 자신이 어떻게 감정 표현을 하고 있는지 이해한다.
② 어떠한 감정들이 신체에 남아 영향을 미치고 있는지 탐색하고 인식한다.

2) 준비물

4절 도화지, 색연필, 사인펜

3) 방 법

① 자신의 신체 윤곽선을 색연필이나 사인펜으로 그리도록 한다.
② 명상을 통해 자신의 몸을 천천히 감각적으로 어떠한 느낌이 드는지 살펴보도록 한다.
③ 눈을 뜨고 자신의 신체를 바라보며 몸의 불편한 부분에 선으로 표현한다.
④ 선으로 표현한 신체 윤곽선 바깥쪽에 왼손으로 불편함을 글로 쓴다. 예를 들어, '무겁다' '쑤시다' 등
⑤ 불편함을 표현한 단어 아래나 옆에 '쑤실' 때의 기분을 감정 단어로 표현해 본다. '짜증난다' '슬프다' 등

⑥ 작업이 끝나면 이야기를 나눈다.

4) 임상장면에서의 적용

① 신체의 불편한 점이 어떠한 상황에서 가장 많이 느껴지는지에 대해서도 탐색해 본다.

② 언제부터 시작되었는지, 무엇 때문이라고 생각하는지 원인을 파악하고 스스로 선택한 변명을 감소시키고 새로운 선택을 할 수 있도록 돕는다.

③ 전지 2장을 붙여서 전신화를 그림으로써 자신의 신체를 보다 감각적으로 경험할 수 있도록 도울 수 있다.

④ 스트레스를 신체에 쌓는 것이 아니라 대처하는 방법을 탐색해 볼 수 있다.

5) 사 례

내담자는 중학교 2학년 여학생이다.

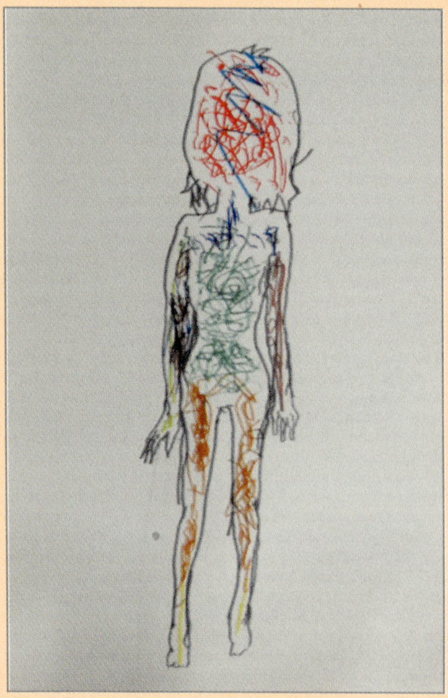

• 그림 2-6 • 감정 신체화

내담자는 안 아픈 곳이 없다고 하면서 머리에서 발끝까지 다양한 색과 선으로 아픔을 표현하였다. 가장 아픈 곳이 머리인데 빨간색으로 난화로 표현하였고 머리가 지끈거리고 누르는 것 같을 때를 파란색으로 번개처럼 표현하였다. 약을 먹어도 잘 듣지 않는다고 하였다. 특히 스트레스를 받을 때 많이 아프다고 하였고 친구들이 신경 쓰이게 할 때 스트레스를 많이 받는다고 하였다. 내담자는 친구 문제로 인하여 학교를 중퇴하면서 감정을 억압하고 있었으며, 그 당시의 억울함이나 화 등의 복잡한 감정이 내재되어 있고, 이를 신체화시키고 있었다. 그래서 불면증과 두통이 심하고 손발이 저리며 가슴 답답함과 복통 등을 호소하였다.

5 비주얼 저널

일기는 자신이 겪은 일이나 생각, 느낌 등을 사실대로 기록한 것을 의미한다. 비주얼 저널(Visual Journal)은 그림으로 표현한 일기라고 할 수 있으며 색, 형태, 선, 질감으로 자기의 감정이나 느낌을 표현하는 것을 말한다. 비주얼 저널은 아무런 판단이나 부끄러움, 죄책감 없이 감정으로 돌아가는 여행의 첫 단계다. 언어로 표현할 수 없는 감정과 정서에 접근할 수 있도록 하는 방법이며, 그런 감정으로부터 벗어나서 자신을 둘러싼 감정들이 발생하여 더 이상 삶에 영향을 미치지 않도록 하는 방법이다(Ganim & Fox, 1999).

1) 목 표

자기의 감정을 자유롭게 표현하도록 한다.

2) 준비물

도화지, 색연필, 사인펜, 파스텔 등 다양한 채색도구

3) 방 법

① 방해받지 않는 작업을 위한 공간과 다양한 매체를 준비한다.
② 작업의 의도, 방향을 결정한다.
③ 호흡명상 등 자신에게 편안한 명상을 한다.
④ 명상을 통해 신체의 감각에 집중한다.
⑤ 내면적 이미지를 그린다.
⑥ 그림을 그린 면이나 뒷면에 제목과 함께 그림에 대한 글을 쓴다.
⑦ 작품을 임상장면에서 가지고 와서 작품에 대한 이야기를 나눈다.

4) 임상장면에서의 적용

① 비주얼 저널은 일주일에 한 작품 이상으로 하여 부담감을 갖지 않도록 한다.

② 글이나 제목을 정하는 것에도 선택할 수 있도록 하여 긴장이나 부담 없이 지속적으로 할 수 있도록 안내한다.

③ 매체가 다양하게 갖추어지지 않은 집단에서도 활용이 가능하다.

④ 가정에서 그릴 때는 자유롭게 표현하였으나 임상장면에서 작품으로 이야기하는 것에 부담을 가질 수 있으므로 미술 실력이 아니라 자기의 감정을 표현하는 과정으로 인식하도록 안내한다.

⑤ 어떠한 상황에서 그림을 그렸으며 그림을 그리기 전과 후 마음상태는 어떠하였는지 탐색하도록 한다.

5) 사 례

내담자는 고등학교 2학년 남학생이다.

• 그림 2-7 • 비주얼 저널

내담자의 비주얼 저널은 '지난 밤 꿈'이었다. 장소는 학교였는데 걸을 수가 없어서 기어가는데 복도 끝에서 문이 열리더니 총을 든 괴생명체가 나타나 자기를 향해 총을 겨누었다. 옆 벤치에 앉은 사람은 바라볼 뿐 관심이 없었다. 자신은 두려워 반대방향으로 다시 기어갔다. 너무나 두려웠는데 주변사람들이 자기를 무시했으며 결국 총을 겨눈 자가 자신을 겨누며 원망하지 말라고, 내담자를 낳은 것이 자기라고 말하였다. 내담자는 이야기를 하면서 총을 겨누는 자가 아버지라는 것을 인식하게 되었다. 내담자는 악기를 연주하고 그림을 그리고 식물을 키우는 것에 관심이 있는데 아버지는 자기가 근육질의 남자처럼 보이고 행동하기를 바란다고 하였다. 이 작업을 통해 아버지와 자신의 성향 차이를 인식하고 아버지의 바람에 대한 부담감을 표현할 수 있었다.

6 만다라 연상화

만다라의 의미는 '만다' 와 '라' 의 합성어로 분리하여 그 뜻을 이해할 수 있다. '만다' 는 중심, 본질의 의미를 지니며 '라' 는 소유와 성취의 의미를 지닌다. 자신의 본질을 찾게 된다는 의미의 만다라 작업을 통해 우리는 많은 것을 경험할 수 있다. 갈등을 극복하고 자기 자신을 수용하게 되며 잠재된 창의력을 발견할 수 있다(정여주, 2006). 만다라에서 연상되는 이미지화는 잠재된 창의력과 무의식을 표현할 수 있도록 한다.

1) 목 표

① 만다라 작업을 통해 자기를 이해한다.
② 연상화 작업을 통해 무의식적 욕구와 사고를 시각화한다.

2) 준비물

도화지, 색연필, 사인펜, 물감 등 채색도구

3) 방 법

(1) 만다라

① 만다라 무늬를 선택한다.
② 명상이나 눈을 감고 근육을 편안하게 만드는 등 이완 활동을 통해 작업에 대해 편안한 자세를 취할 수 있도록 한다.
③ 채색도구에서 마음에 드는 색을 골라 만다라 무늬에 채색한다.
④ 채색이 끝나면 상하 위치를 정하여 'T' 나 숫자 '4' 를 윗부분에 쓰고 아래쪽에 날짜를 기록한다.
⑤ 다른 용지에 쓰거나 만다라가 그려진 종이에 제목을 쓴다.
⑥ 사용한 색상의 목록을 쓰고 색상으로부터 연상되는 단어를 기록한다.

⑦ 연상되는 숫자를 기록하고 연상되는 단어를 기록한다.

⑧ 제목과 숫자, 단어를 활용하여 몇 개의 문장을 만든다.

(2) 연상화

① 눈을 감고 자신이 쓴 문장을 떠올려 본다.

② 문장으로부터 형성되는 이미지를 떠올려 본다.

③ 그 이미지를 그림으로 그려 본다.

④ 완성되면 제목을 붙이고 이야기를 나누어 본다.

4) 임상장면에서의 적용

① 만다라 무늬는 다양하게 준비하여 선택할 수 있도록 한다.

② 만다라로부터 연상된 단어들을 활용하여 문장으로 만들 때 잘해야 한다는 부담감으로부터 자유로울 수 있도록 허용적인 태도로 안내한다. 여러 개의 문장이 아닌 한 문장이어도 괜찮다.

③ 문장으로부터 이미지화된 그림이 문장의 내용과 연관성이 없어 보일 수도 있으나 문장으로부터 연상된 내용이므로 동화책의 일러스트와는 다를 수 있다.

④ 작업 시간이 길어질 수 있으므로 다음 회기에 이어서 진행할 수도 있다.

⑤ 그림이 아닌 만들기나 콜라주나 만들기 작업을 할 수도 있다.

5) 사 례

내담자는 고등학교 1학년 여학생이다.

• 그림 2-8 • 만다라

• 그림 2-9 • 만다라 연상화

만다라의 제목은 블랙홀이며, 색의 연상 단어 중 파랑은 바다와 시원함을, 보라는 죽음을, 초록은 들판, 연두는 포근함을, 하늘은 하늘이라고 적었다. 제목과 단어를 활용하여 완성한 문장은 '하늘을 바라보며 시원한 바닷가에 가서 포근한 엄마 품에 안겨 발을 적신다.' 였다. 연상화는 엄마와 함께 바닷가에 서 있는 모습을 그렸다. 엄마와 이렇게 좋은 사이가 되고 싶다고 하였다. 내담자는 고등학교 진학 후 아버지의 무시와 어머니의 잔소리로 가출을 하게 되었는데 어머니와는 예전처럼 잘 지내고 싶은데 지금은 방법을 잘 모르겠지만 학교 열심히 다니고 자신의 꿈을 이루기 위해 노력하겠다고 하였다. 이 작업을 통해 자신이 무엇을 바라는지 인식하게 되었다고 하였다.

7 명화 그리기

반 고흐의 작품은 미술과 질병과의 관련성에 대해 흥미를 자극하고, 정서적인 고통과 심리적인 문제가 그림에 어떻게 나타나는가에 대한 의문을 일으키게 한다. 반 고흐의 그림처럼 세계적으로 위대한 작품인 명화 중 몇몇은 분명히 정서적 고통으로부터 탄생한다. 창조적인 활동이 반드시 정서적 혼란으로부터 나타나는 것은 아니지만 창조적인 활동은 심리학적 혼돈과 개인적 고통과 위기감을 탐구하고 정서적 혼란을 완화시켜 갈등을 전이시키는 데 도움이 된다(Malchiodi, 1998a).

1) 목 표

① 명화 도안을 활용한 활동은 그림 작업에 대한 부담을 감소시킨다.
② 도안에 내면의 감정을 투사하여 정서적 긴장을 완화한다.

2) 준비물

명화 도안, 색연필, 사인펜, 파스텔, 물감, 팔레트, 붓, 물통

3) 방 법

① 명화 도안을 선택한다.
② 도안에 자유롭게 색칠한다.
③ 이야기를 만들고 제목을 붙인다.
④ 나누기를 한다.

4) 임상장면에서의 적용

① 내담자의 욕구나 사고, 감정을 고려하여 명화를 치료자가 미리 준비할 수 있다.

② 그림의 크기를 조절해서 내담자의 욕구에 맞도록 하여 사용한다.

5) 사 례

내담자는 중학교 2학년 여학생이다.

• 그림 2-10 • 명화 그리기

내담자는 예전부터 빨간 지붕 집에 살고 싶었다고 하며 빨간색으로 꾸미더니 버섯 같다고 하였다. 집 옆에 강아지 집을 그렸는데 강아지가 혼자 살고 집에는 노숙자들이 산다고 하였다. 집 주인은 돈이 많아서 집도 강아지도 그냥 두고 이사를 가 버렸다고 하였다. 태양이 두 개나 떠 있어서 매우 더우며 주변에 다른 집은 없고 숲에 있는 집이라 하였다. 그리고 똥도 크게 그려 넣고는 냄새가 나서 개미가 피해 간다고 하였다. 내담자는 다른 사람들과의 심리적 거리감과 외로움을 느끼고 있었고, 외부환경이나 부모에 대해 파괴적이라고 느끼고 있으며, 자신에 대해 필요 없는 존재라고 인식하고 있었다. 실제 내담자는 재혼가정 자녀로 새어머니는 아버지보다 훨씬 좋은 분이시고, 친어머니는 자기를 버렸으며, 아버지가 알코올 중독이라서 제 역할을 하지 못하고 있다고 생각하고 있었다. 이 작업을 통해 자신의 이미지와 감정을 그림을 통해 투사함으로써 내면의 긴장감을 감소시킬 수 있었다.

8 마음 도안

우리는 정규 교육에서 미술교육을 받기 전에 색칠 공부로 색채를 경험한다. 색칠 공부는 만화 캐릭터, 자동차, 동물 등 다양한 그림으로 구성된 윤곽선만 그려진 그림이며, 미술치료에서 치료적으로 사용하는 윤곽선의 그림을 일본에서는 '누리에(ぬりえ)' 라고 한다. 누리에는 마음 도안이라고도 할 수 있으며 누구나 쉽게 접근할 수 있다(최외선, 이은주, 2011). 내담자의 마음에 심상을 일으키며 이를 색으로 표현하도록 돕는다.

1) 목 표

마음 도안으로부터 투사되거나 형성된 심상을 색으로 표현한다.

2) 준비물

도안, 색연필, 사인펜, 파스텔 등 채색도구

3) 방 법

① 마음이 끌리는 도안을 선택한다.
② 원하는 대로 채색한다.
③ 작업이 끝나면 제목을 붙이고 이야기를 만든다.

4) 임상장면에서의 적용

① 다양한 도안과 채색도구를 준비하여 선택할 수 있도록 한다. 도안을 선택할 때 어떠한 생각으로 선택했는지 질문할 수 있다.
② 치료적 의도에 따라 주제를 정하고 도안을 제시할 수 있다.
③ 집단 작업 시 같은 도안을 선택한 작품별로 모아서 이야기를 들어 본다.
④ 작품의 이야기 속의 배경, 주인공에 대해 이야기하고 그 주인공과 자신

을 비교해 본다. 왜곡된 생각에 대해서 탐색해 보고 대안적인 사고, 감정을 찾아본다.

5) 사 례

내담자는 중학교 1학년 여학생이다.

• 그림 2-11 • 마음 도안

길이 초록이고 산이 갈색이고 하늘은 노랗게 색칠해서 이상하다고 하였다. 겨울이라 산은 갈색이고 사람이 살지 않는 곳인 것 같다고 했으며, 그림 속 사람만 혼자 사는데 해를 바라보고 있다고 하였다. 집단원 모두가 외롭겠다거나 쓸쓸해 보인다고 말하였다. 그렇게 보인다고 수긍하였지만 그래도 조용해서 좋다고 하였다. 내담자는 재혼가정의 자녀로 과거 새어머니들이 내담자에게 폭력적인 양육태도를 보였으며, 현재의 새어머니도 언어적 폭력을 하고 아버지는 무관심하여 내담자는 의지할 데가 없고 외로운 상황이었다. 멍하니 있는 모습도 자주 보이고 있으며 대화에 맞지 않는 엉뚱한 표현을 하여 사차원이라고 집단원들이 표현하기도 하였다. 그림에 표현된 색이 인지적 혼란을 의미하고, 붉은 해와 붉은 사람이 내담자의 감정을 표현하고 있는 것으로 보이며, 해를 보고 혼자 서 있는 사람은 부모에 대한 사랑의 욕구로 보인다. 작업을 통해 내담자는 자신의 외로움과 혼란된 상황에 대해 인식할 수 있었다.

9 원 콜라주

콜라주 작업은 다양한 방식으로 작업이 가능하다. 콜라주 배려하기, 집단 콜라주, 콜라주 게임뿐만 아니라 기본 콜라주, 콜라주 엽서, 만다라 콜라주(이근매, 아오키 도모코, 2010) 등의 방법들이 있다. 만다라 콜라주는 도화지 가운데 원을 그리고 그 안에 선택한 사진이나 그림을 오리거나 찢어 붙이는 방법이며, 콜라주 배려하기는 가운데 원 안에 자기가 작업을 하고 원의 바깥 부분에 집단원들이 작업하는 방식이다. 원 콜라주는 이 두 가지 방법을 조합하여 콜라주에서 중심인 자기(Self)를 의식적으로 찾아가는 방식이다.

1) 목 표

콜라주 작업을 통해 자기의 사고, 행동, 감정을 탐색하고 인식한다.

2) 준비물

4절 도화지, 잡지책, 색연필, 가위, 풀

3) 방 법

① 잡지책에서 마음에 이끌리는 부분을 선택하고 찢거나 오리도록 한다.
② 도화지 가운데 치료자가 원(15~20cm 정도)을 그려 넣어 준다.
③ 내담자가 선택한 사진이나 그림, 글자 중에서 가운데 붙이고 싶은 것을 선택하고 붙이도록 한다.
④ 나머지 사진이나 그림은 원의 바깥 부분에 붙이도록 한다.
⑤ 먼저 가운데 부분에 대해 이야기를 한다.
⑥ 바깥 부분에 대해 이야기를 한 다음 가운데 부분과의 연관성에 대해 이야기를 나눈다.

4) 임상장면에서의 적용

① 각각의 이미지마다 간단히 단어를 써 넣을 수도 있다. 이를 통해 의식화를 이끌어 낼 수 있다.

② Koch의 공간 도식 등 콜라주의 형식적 분석 방법(이근매, 아오키 도모코, 2010)을 활용할 수 있다.

③ 내담자가 선택한 사진이나 그림을 나열해 두고 그중에서 진정으로 원하는 것이 무엇인지를 찾아서 원 안에 붙이도록 하고 나머지는 원 밖에 표현하게 함으로써 바람을 찾을 수 있도록 한다.

5) 사 례

내담자는 30대 초반 여성이다.

● 그림 2-12 ● 원 콜라주

원 안에 삶과 자연이라는 글자를 붙였다. 왼쪽에는 맛있는 것을 좋아하는데 요즘은 크게 생각이 없는 것 같다고 하였다. 화장품은 주름이 하나씩 생기는 것 같아서 관리를 하고 싶은 마음이 있고 가운데 위쪽은 학교에 진학하고 싶은 마음이고 아래쪽은 여행 가고 싶다고 하였다. 오른쪽 위쪽은 운동을 해야 하는데 하는 마음이고, 달팽이는 좀 느리게 살고 싶은 마음이라고 하였다. 마음은 느리게 살고 여행도 하고 싶지만, 현실에서의 승진에 대한 생각, 실천하지 않는 걱정들이 더 크다고 하였다. 원 안에 붙인 것은 좀 더 자연스럽게 살고 싶고 그것이 중요한 것 같다고 하였다. 내담자는 작업을 통해 자신이 중요하게 생각하는 것을 표현하고 인식할 수 있었으며 실천 방안을 탐색할 수 있는 계기가 되었다.

10 마음을 찍는 사진기

정채봉(1997)의 소설 『내 가슴속 램프』 중, '마음을 찍는 사진기' 란 시를 활용한 기법이다. 마음을 찍는 사진기가 존재한다면 타인의 마음을 헤아리기 쉬우며, 자신의 마음 또한 명확히 알고, 타인에게 전달하기 쉬워 소중한 사람들 사이에 갈등이 그만큼 줄어들 수 있을 것이다. 이 기법은 마음을 찍는 사진기를 활용하여 가족의 마음을 그림으로 표현해 보는 방법이다.

1) 목 표

① 자기와 타인의 욕구에 대해 인식하고 있는 것을 표현한다.
② 가족치료를 통해 부부 및 가족구성원의 마음을 인식하고 친밀감을 회복한다.

2) 준비물

시(마음을 찍는 사진기), 8절 도화지, 색연필, 사인펜

3) 방 법

① '마음을 찍는 사진기' 시를 나눠 주고 충분히 읽어 볼 시간을 준다.

〈마음을 찍는 사진기〉

어느 마을의 시장에
사람의 마음을 찍는 사진기가 있었습니다.

어떤 유명한 정치가를 찍었더니 돈다발이 찍혔습니다.
돈 많은 사장님을 찍었더니 술과 여자가 찍혀 나왔습니다.
어떤 남자는 늑대가 찍혀 나오고

어떤 여자는 여우가 찍혀 나왔습니다.

그러던 어느 날 시장에
얼굴이 험상궂게 생긴 사나이가 나타났습니다.
사람들은 생각했습니다.
"틀림없이 무시무시한 흉기가 찍혀 나올 거야!"

사나이가 카메라 앞을 지나갔습니다.
방긋 웃는 아이의 얼굴이 찍혔을 뿐,
사나이는 단지 미역 한 꾸러미만을 들고
시장을 벗어나고 있었습니다.

② 도화지에 테두리를 그리고 가족구성원의 수만큼 칸을 나눈다.
③ 나뉜 칸을 사진의 필름이나 스냅사진이라 생각하고 시에서처럼 마음을 찍는 사진기를 이용하여 자신과 가족의 마음을 찍었을 때 어떻게 찍혀 나오게 될지를 상상하고 각 칸에 그림을 그리도록 한다.
④ 사진그림이 완성되면 한 가족구성원을 선택하고 그 가족에 대해 자신의 그림을 보여 주면서 그 가족구성원의 마음그림을 설명한다. 다른 가족도 그 선택된 가족의 마음그림을 설명한다.
⑤ 설명을 다 듣고 난 가족구성원은 자신이 그린 자신의 마음그림을 설명하고 이야기를 나눈다.
⑥ 다른 가족구성원을 선택하여 같은 방식으로 진행한다.

4) 임상장면에서의 적용

① 개인치료는 물론이고 부부나 가족치료에 효과적으로 활용될 수 있다. 가족의 마음에 대해 표현해 봄으로써 객관화할 수 있다.
② 시는 내담자의 특성을 고려하여 활용 여부를 판단한다. 치료자가 그 시

의 내용을 이야기로 들려줄 수도 있다.

③ 최근의 욕구가 반영될 수 있으며 그림에는 표현되지 않았지만 평상시 말하고 싶은 것에 대해 이야기를 나눌 수 있다.

5) 사 례

내담자는 초등학교 4학년 남학생이다.

● 그림 2-13 ● 마음을 찍는 사진기

자신의 마음을 찍은 첫 번째 칸의 그림은 2개의 열매가 달린 나무와 모서리에 잘려진 두 사람을 그렸다. '나'라고 쓴 나무에 탐스러운 열매 2개가 그려져 있었고 열매의 이름을 행복과 건강이라고 하였으며 옆에서 지켜보는 부모의 바람, 자신에 대한 기대라고 하였다. 부모는 언제나 자신의 행복과 건강을 바라고 있어 자신의 마음속에 그림과 같이 채우고 싶다고 하였다. 부모는 옆에서 언제나 그림처럼 자신을 지켜보고 있다고 하였다. 어머니의 마음을 찍은 사진은 곰발바닥처럼 생긴 발자국들과 가방이란 글자, 초인종을 누르며 들어오는 한 사람의 발이 보인다고 하였다. 온통 가족을 생각하고 마음에 새기고 있다는 어머니는 밖에 나가 있다가 가족에게 돌아오려 하는 모습이라고 하였다. 아버지의 마음을 찍은 사진은 눈치를 보는 고양이, 그러나 머릿속은 복잡하고 정리되지 않은, 언제나 어머니의 눈치를 살피는 모습이라고 하였다. 네 번째는 치료자의 마음을 찍었다고 하였고, 그림은 치료자가 신나게 놀고 싶을 거라 생각되어 그렸다고 하였다. 이 작업을 통해 내담자는 부모의 기대와 부모의 마음을 표현하고 인식할 수 있었으며 자신의 놀고 싶은 마음이 치료자에게 투사되어 표현되었다.

⑪ 다섯 가지 욕구

현실요법의 선택이론에 따르면, 우리는 외적인 자극 때문에 행동하는 것이 아니라 내부 작용에 의해, 즉 내면적인 개인 동기에 의해서 행동한다고 한다. 인간은 선천적으로 가지고 태어난 사랑과 소속, 힘, 즐거움, 자유 그리고 생존의 다섯 가지 기본 욕구에 의해 행동한다는 것이다. 적절한 선택을 통해 자기 통제의 방법을 배우면 타인이나 환경을 비난하는 대신 문제를 해결하는 데 에너지를 사용할 것이라고 한다(Wubbolding, 1990).

1) 목 표

① 현실요법의 다섯 가지 기본적 욕구와 바람을 파악한다.
② 현재의 행동을 평가하여 바람직한 방법을 탐색하고 계획한다.

2) 준비물

다섯 가지 욕구 표, 색연필, 사인펜

3) 방 법

① 다섯 가지 욕구에 대해 안내한다.
② 다섯 가지 욕구 표를 사례 그림과 같이 그린다.
③ 자기의 욕구에 대해 생각해 본다.
④ 각 욕구가 몇 점일지 생각해 보고 그 욕구와 가장 가까운 색깔을 선택하여 그래프로 그린다.
⑤ 그래프 안에 어떤 이유에서 그 점수를 줄 수 있는지에 대해 쓴다.
⑥ 다음 욕구에 대해서도 표현한다.
⑦ 현재의 점수가 만족스러운지 평가한다.
⑧ 점수를 높이고 싶은 욕구가 무엇인지 몇 점이고 싶은지에 대해 글로 표

현하거나 말한다.

⑨ 구체적으로 무엇을 하면 점수가 향상될지에 대해 생각해 보고 이야기를 나눈다.

4) 임상장면에서의 적용

① 다섯 가지 욕구는 사랑과 소속의 욕구, 힘에 대한 욕구, 자유에 대한 욕구, 즐거움에 대한 욕구, 생존의 욕구이며(Wubbolding, 1990), 예시를 통해 다섯 가지 욕구 표에 그리는 방법을 이해하도록 돕는다.

② 그림이나 콜라주로 다섯 가지 욕구의 바람을 표현하고 그 옆에 현재의 점수를 적어 넣을 수 있다.

③ 계획을 세울 때 효과적으로 계획하는 방법을 안내한다. 단순하고 실현 가능한 것, 측정 가능한 것, 즉시 할 수 있는 것, 통제할 수 있는 것, 일관성 있는 것, 확실하게 약속할 수 있는 계획으로 선택하도록 돕는다.

〈다섯 가지 욕구 표〉

100–					
90–					
80–					
70–					
60–					
50–					
40–					
30–					
20–					
10–					
	좋은 인간관계 만들기	성취감 있게 일하기	즐거움 갖기	자유롭게 행동하기	건강 돌보기

5) 사 례

내담자는 40대 중반 성인 남성이다.

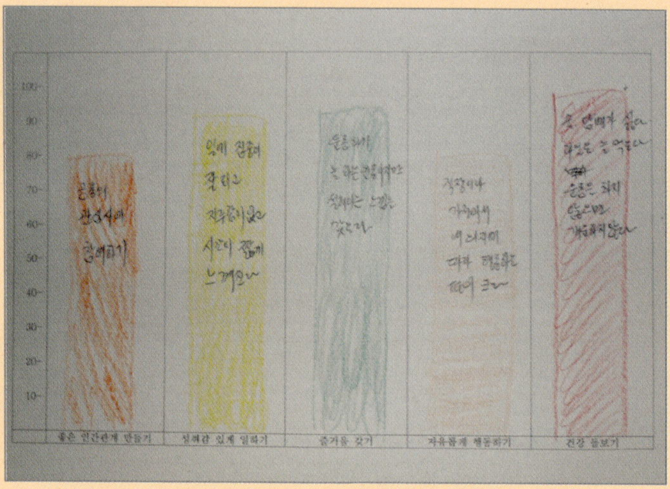

• 그림 2-14 • 다섯 가지 욕구

소속과 사랑의 욕구는 공통의 관심사에 참여하기로 80점, 성취감 있게 일하기에서는 일에 집중이 잘되고 시간이 짧게 느껴져서 90점, 즐거움의 욕구에서는 운동할 때 설레고 좋아서 90점, 자유의 욕구에서는 직장이나 가정에서 자신의 의지대로 행동하기에 80점, 생존의 욕구에서는 술, 담배를 하지 않고 과일을 먹고 운동을 하기 때문에 90점이라고 표현하였다. 건강과 관련해서는 빨간색을 선택했는데 처음에는 부담스럽다고 하였다가 모든 색에는 장단점이 있다고 하니 선택하여 표현하였다. 작업 후 좋은 인간관계와 자유롭게 행동하기의 점수는 실제보다 높다고 하였다. 그림처럼 높이기 위해서 관심이 없는 것이라도 관심을 가지고 집중하는 것이라고 하였고 자유롭게 행동하기에서는 생각만 하지 않고 행동으로 표현하는 것이라고 하였다. 내담자는 작업을 통해서 자신의 생각을 눈으로 표현하게 되니 할 수 있을 것 같다는 자신감을 가지게 되었다고 하였다.

⑫ 나의 가치관

가치관이란 인간이 자기를 포함한 세계나 어떤 대상에 대해 부여하는 가치나 의의에 관한 견해나 입장을 의미한다(다음 백과사전, 2012). 따라서 가치관은 사고의 틀로서 자신이 경험하는 모든 일에 기준이 되는데 자기의 경험으로부터 형성된 견해도 있지만 성장과정에서 부모나 사회, 문화의 영향으로 형성된 가치는 무의식적으로 작용하기도 한다. 자기의 가치관을 탐색함으로써 현재의 삶을 이해하며 소중한 것에 대해 재인식할 수 있다(정은주, 정광석, 2007).

1) 목 표

① 자기의 가치관이 무엇인지 탐색한다.
② 자신의 가치관뿐만 아니라 타인의 가치관도 소중하다는 것을 인식한다.

2) 준비물

도화지, 색연필, 사인펜, 가위, 상자

3) 방 법

① 도화지를 8등분하여 여덟 장의 카드를 만든다.
② 카드에 자신이 소중하다고 생각하는 것을 하나씩 그려 넣는다.
③ 모두 그려 넣었다면 여덟 가지의 소중한 것에 대해 나누기를 한다.
④ 여덟 가지의 소중한 것 중 한 가지를 버릴 것이라고 말하고 선택할 시간을 준다.
⑤ 상자에 선택한 가치를 한 가지 버리도록 한다.
⑥ 무엇을 버렸는지에 대해 이야기를 나눈다.
⑦ 그 다음 버릴 것을 선택하여 상자에 버리고 이야기를 나눈다.

⑧ 마지막 두 가지를 남길 때까지 계속한다.

⑨ 이제는 다른 사람이 버린 가치관 그림카드 중에서 한 장을 가져오도록 한다.

⑩ 자기가 가진 세 장의 가치관과 이 과정을 통해 느낀 점에 대해 나눈다.

4) 임상장면에서의 적용

① 여덟 가지를 모두 그리지 못할 경우 남겨 두었다가 다른 집단원의 이야기를 듣고 그려 넣을 수 있도록 안내한다.

② 소중한 것 대신에 '나는 ~이다.' 라고 적고 같은 방식으로 진행할 수 있다.

③ 소중한 것을 버리는 것에 부담감이 클 수 있으므로 이에 대해 충분히 공감한다.

④ 버려진 것들에 대해서도 이야기를 나눈다.

5) 사 례

집단원들은 중학교 1학년 여학생들이다.

• 그림 2-15 • 가치관 버리기

● 그림 2-16 ● 나의 가치관

한 여학생은 그림을 그리면서 운동선수 시절 힘들었던 훈련생활에 대해 이야기를 하였고 이야기 하는 것만으로도 시원하다고 하였다. 그림이 완성된 후 한 가지씩 버리도록 하니 한 여학생은 그림을 찢었다. 자신에게 중요하지 않은 인형이라고 하였다. 좋아하는 가수, 벼(곡식), 노래, 음악, 동생 등을 차례차례 버렸는데 크게 중요하지 않은 듯 서슴없이 버렸다. 한 여학생은 사랑을 버렸다가 친구를 버리고 사랑을 가져왔다. 남은 두 가지에 대해 이야기를 나누었는데 추억과 사랑을 남겼으며, 한 여학생은 추억과 자신이 좋아하는 가수 앨범을 남겼고, 한 여학생은 인형과 휴대전화를 남겼다. 인형은 어릴 때부터 가지고 있는 것이어서 까맣게 되었지만 여전히 소중하다고 하였다. 작업을 통해 여학생들은 자신이 무엇을 소중하게 생각하는지 알게 되었다고 하였다.

13 관계 탐색

대상관계는 자기와 내적 혹은 외적 대상과의 상호 작용이다. 자기표상(self-representations)과 대상표상(object-representations)은 독립적으로 존재하는 것이 아니라 관계 안에서 존재한다. 자기표상과 대상표상은 욕동이나 사랑과 미움 같은 정서 등에 의해 연결된다(Hamilton, 1990). 대상관계의 자기표상과 대상표상을 탐색하는 것은 자아를 강화시키고 현재의 관계를 있는 그대로 수용하는 데 도움이 된다.

1) 목 표

관계 속의 자기표상과 대상표상을 탐색하고 이해한다.

2) 준비물

다양한 자세의 사람 도안(주리애, 2003), 색연필, 사인펜, 가위, 풀

3) 방 법

① 다양한 자세의 사람 도안에서 두 가지씩 선택한다.
② 두 사람 사이에 어떤 일이 일어났는지 생각해 본다.
③ 도화지에 두 사람 사이에 일어난 일을 표현한다.
④ 그 장면에 대한 이야기를 나눈다.

4) 임상장면에서의 적용

① 이야기를 만화의 장면처럼 연속적으로 표현할 수 있도록 사람 자세 도안을 여러 장 준비한다. 여러 가지 자세를 준비하여 심상을 투사시키도록 돕는다.
② 자기와 엄마, 아빠 등 중요 타인을 중심으로 사람 자세 도안을 선택하고 표현할 수 있다. 친구 관계가 문제일 경우 자기와 친구를 선택하여 작업할 수 있다.

③ 자기의 모습과 비교해 보고 긍정적인 관계가 형성되려면 어떻게 해야 될지 탐색해 보도록 한다.

④ 주변 사람들 중 불편하게 느껴지는 사람의 어떠한 특징이 그러한 감정이나 생각을 불러일으키는지 탐색해 본다.

⑤ 자기와 타인의 장점을 찾아봄으로써 자기표상과 대상표상의 내용을 개선할 수 있도록 돕는다.

5) 사 례

내담자는 중학교 1학년 여학생이다.

● 그림 2-17 ● 관계 탐색

첫 번째 장면은 남자와 여자가 헤어지는 모습이다. 남자가 찌질이라서 헤어졌으며, 여자는 즐거워하고 있고 남자는 괴로워하고 있다. 두 번째 장면은 친구 사이이다. 앉아 있는 친구가 서 있는 친구의 신발을 보고 신발이 멋지다고 하니 그 말에 그냥 기분이 나빠서 친구를 때리려고 한다고 하였다. 내담자는 초등학교 때 친구와의 관계가 생각났고 여러 가지 면에서 자주 비교가 되어서 억울했다고 하였다. 내담자의 남자 이미지는 부정적이고, 여자의 이미지는 다소 공격적인 이미지로 형성되어 있는 것으로 보였다. 내담자는 아버지의 무능력한 모습과 이혼으로 집을 떠난 어머니가 내담자의 내면에 영향을 미친 것으로 이해할 수 있었다.

14 인생 각본

Berne은 인생 각본이란 어린 시절에 작성되어 부모에 의해 강화되고, 이어지는 사건들에 의해 정당화되며, 결국 삶의 한 방도로 선택된 인생 계획이라고 정의하였다(Stewart & Joines, 1987). 부모나 환경과 같은 외부 세력과 개인의 초기 감정에 의해 각본이 결정된다. 이러한 각본은 무의식적인 것이므로 우리의 각본을 발견하기 위한 개인의 자각이 필요하다.

1) 목 표

① 현실에 영향을 미치고 있는 초기 결정을 탐색한다.
② 과거의 영향 없이 지금-여기에 머물 수 있도록 한다.

2) 준비물

필름 바탕지, 색연필, 사인펜

3) 방 법

① 과거의 기억을 떠올려 보도록 한다.
② 중요한 기억들을 필름 바탕지에 한 장면씩 그리도록 한다.
③ 작품이 완성되면 시간의 흐름대로 전시한다.
④ 작품의 제목을 붙이고 나누기를 한다.

4) 임상장면에서의 적용

① 현재의 삶까지 계속 작업하는 것도 도움이 될 수 있으며, 인생 초기의 기억 세 장면을 표현함으로써 초기 결정을 탐색할 수 있다.
② 인생 각본을 탐색하기 위해 현재의 스트레스 상황과 아동기의 스트레스 상황에 대해 탐색하도록 한다.

③ 그림에 대해 부담스러워 할 경우 언제, 누가, 어디서, 무엇을, 왜, 어떻게 하였나에 따라 단어로 표현하도록 한다. 이를 통해 그때의 감정에 대해 탐색할 수 있도록 하고 감정을 표현할 수 있도록 한다.

〈인생 각본 그리기〉

5) 사 례

내담자는 50대 중반 여성이다.

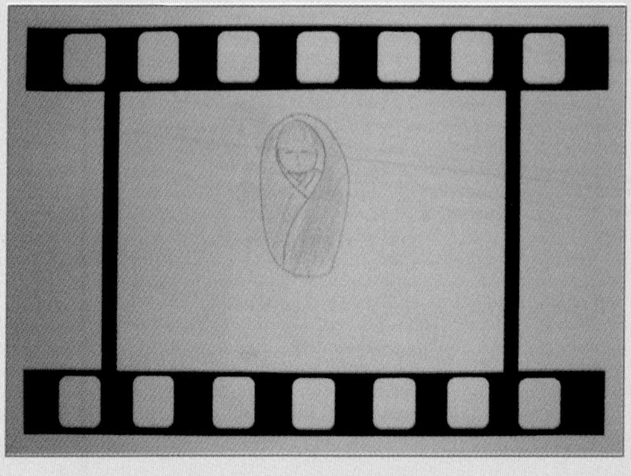

● 그림 2-18 ● 인생 각본 그리기

● 그림 2-19 ● 인생 각본 그리기

● 그림 2-20 ● 인생 각본 그리기

첫 장면으로 보자기에 싸인 자기의 모습을 그렸다. 할머니, 아버지, 어머니는 아들이 태어나기를 바랐는데 딸이 태어나서 젖도 주지 않고 방구석에 그냥 두었었다는 이야기를 들었다고 하였고, 그 후로 아들이 태어나 관심을 받지 못한 삶은 계속된 것 같다고 하였다. 두 번째 장면은 동생을 업고 가는 엄마 뒤에서 동생의 모자를 잡아당기는 모습을 그렸고 그냥 싫을 것 같다고 하였다. 그렇다고 때리거나 괴롭히지는 않았다고 하였다. 학교에 다닐 때는 얌전하고 조용해서 있는 듯 없는 듯 지냈고 공부도 잘 못했다고 하였다. 고등학교에 못 가고 돈 벌어서 동생 공부 뒷바라지를 했었다고 하였다. 내담자는 작업을 통해 아들과 남편을 자기 마음대로 하려고 하고 기죽게 했던 자신의 모습에서 어릴 때 여자라서 대접받지 못한 그 억울함을 현재 아들과 남편에게 표현하고 있는 것 같다고 인식하게 되었다.

15 인물화 시리즈

인물화(DAP)에 그려진 인물상은 자아상을 반영한 그림으로 피검자의 성격이나 정서, 갈등이 인물에 투사된다고 한다(최외선, 김갑숙, 최선남, 이미옥, 2006). 인물화는 피검자의 과거와 현재 또는 이상적인 상이 포함된 복합적인 그림이다. 인물화 시리즈는 이를 분리하여 발달단계별로 자기를 그리게 하고 그 당시의 사고, 행동, 감정뿐만 아니라 성격이나 갈등을 탐색하도록 한다.

1) 목 표

① 발달단계에 따른 자기상을 통해 사고, 행동, 감정을 탐색한다.
② 현재와의 공통점과 차이점을 인식하도록 한다.

2) 준비물

A4 용지, 색연필, 지우개

3) 방 법

① A4 용지를 세로로 제시하고 유아기의 자기 모습과 가장 가까운 색을 선택하여 자기 모습을 그리도록 한다.
② 아동기의 모습과 가장 가까운 색을 선택하여 아동기의 자기 모습을 그리도록 한다.
③ 청소년기, 청년기, 성인기, 중년기, 노년기의 자기를 그리도록 한다.
④ 완성된 그림을 시기별로 벽에 붙이고 각 그림의 변화를 살펴본다.
⑤ 각 발달단계별로 자기의 사고, 행동, 감정을 탐색하고 이야기를 한다.
⑥ 공통점과 차이점을 인식하고 이야기를 나눈다.

4) 임상장면에서의 적용

① 현재를 넘어 미래상을 그림으로 표현함으로써 긍정적인 이미지를 형성하도록 한다.

② 아동, 청소년의 경우 유아기 인물화, 아동기 인물화, 청소년기 인물화를 그리도록 할 수 있다.

③ 그린 후 질문은 HTP의 PDI(Post Drawing Inquiry)를 활용한다.

5) 사 례

내담자는 20대 여성이다.

• 그림 2-21 • 유치원기, 아동기, 중학생기

• 그림 2-22 • 고등학생기, 대학생기, 현재

초등학교 이전 시기는 빨간색을 선택하여 그렸다. 사진에도 온통 불만이 가득한 모습이었다고 하였다. 초등학교 때는 좀 달랐다고 하였다. 무엇 때문인지는 모르겠으나 활발하게 지냈었다고 하였다. 잘 나가는 친구들과 어울렸기 때문일지도 모른다고 하였다. 중학교 때는 퍼머도 하고 그때는 잘 나갔다고 하였다. 학교질서를 어기고 부모에게도 반항을 하였다고 하였다. 고등학교 때는 주황색으로 표현했는데 반장도 하고 성실한 모습이었다고 하였다. 주황색이 자기주장을 의미하기도 한다고 하니 신기하다고 하였다. 대학 가서도 생각과는 달랐지만, 여러 면에서 나름 좋았다고 하였다. 지금은 노란색으로 표현했는데 밝았으면 좋겠다고 하였다. 첫 면접에서는 삶의 희망도 없고 행복한 일도 없다고 하였으나, 작업을 통해 자신의 삶을 단계별로 돌아보게 되었고, 그 당시의 행동을 통해 자신의 감정과 사고를 탐색할 수 있었으며, 긍정적 미래에 대해 표현할 수 있게 되었다.

16 인생 길

5000년 전 길이라는 게 생긴 이후로 길이란 보편적으로 아주 의미 있는 그 무엇인가가 되었다. 길의 신비하고 은유적인 의미는 모든 문화들에 걸쳐 그들이 언어, 미술/예술, 시 그리고 음악 속에 깊이 스며져 있다. 길 그림은 내담자의 무의식적, 자연적, 자발적인 심상을 나타내는데 내담자의 태생, 성장 역사, 현재까지의 경험들, 미래를 향한 계획 등을 심지어 단 한 장의 그림을 통해서도 보이게 된다(한국미술치료학회, 2006).

1) 목 표

자기의 인생을 회고하고 바라는 미래를 구상한다.

2) 준비물

도화지, 색연필, 사인펜

3) 방 법

① 명상을 통해 지금까지 자기의 인생을 되돌아보도록 한다.
② 바라는 미래를 생각해 본다.
③ 지금까지의 인생과 미래의 삶을 길로 표현해 본다.
④ 작업이 끝나면 이야기를 나눈다.

4) 임상장면에서의 적용

① 길이나 도로 위에 있는 것들을 떠올려 보도록 하여 작업에 활용하도록 한다.
② 미래의 길이 막다른 길로 이어지거나 다소 험난하고 고통스러워 보인다면, 원하는 미래의 길을 분명하게 인식하고 그 가능성에 대해 지지하고

격려한다.

③ 미래의 인생길에 누가 함께 하면 좋을지에 대해서도 탐색할 수 있다.

5) 사 례

내담자는 40대 초반의 여성이다.

● 그림 2-23 ● 인생 길

어떻게 해야 할지 모르겠다고 망설이다가 그리기 시작하였다. 어릴 때는 사진을 봐도 무표정하였는데 잘 모르겠다고 하였다. 초등학교에 들어가서는 공부 안 하였고 열심히 놀았는데 그때가 참 좋았다고 하였다. 중고등학교 때는 그냥 공부만 했는데 형편이 좋지 못하여 대학에 가지 못하였고 그래서 우울한 시기였으며, 직장에 취직하고도 그 우울이 계속되었던 것 같다고 하였다. 공부를 못 했으니 승진 같은 건 꿈꿀 수 없었고, 그냥 커피나 타고 잡다한 일이나 계속하다가 결혼을 하고 직장을 그만둔 후에는 자신이 더 실망스럽고 무능력하게 느껴졌다고 하였다. 상담을 받기 시작하면서 일도 다시 하고 있어서 점차 나아지기 시작하고, 공부도 늦지 않았다는 생각을 하게 되었으며, 잘될 것이라는 생각이 든다고 하였다. 이 작업을 통해 삶을 돌아보고 현재와 미래를 긍정적으로 인식할 수 있게 되었다.

17 인생의 마지막 장면

노인이란 생활연령이 65세 이상인 자로, 생리적, 생물학적인 면에서 퇴화기에 있는 사람이며, 심리적인 면에서 정신기능과 성격이 노인 특유의 보수, 온건, 의존, 경직 성향으로 변화되고 있는 사람, 사회적인 면에서 지위와 역할이 감소 또는 상실된 사람으로 정의된다(최외선, 김갑숙, 2007). 노년기를 성공적으로 극복하면 노인은 자신이 살아온 삶에 대해 돌아보고, 노년기의 삶에 대해 지혜롭게 대처하며, 죽음에 대해서도 겸허하게 수용하는 '통합' 의 성격을 형성하지만, 그렇지 못한 경우 고독감과 갈등을 느끼고 죽음에 대한 공포심을 가져 '절망' 의 성격을 형성하게 된다(서상철, 2004).

1) 목 표

① 임종에 대한 작업을 통해 삶을 회상하고 자기의 모습을 수용하고 통합한다.

② 미래에 대한 희망과 바람을 탐색한다.

2) 준비물

투명 플라스틱 통, 도화지 2장, 색연필, 사인펜, 가위

3) 방 법

① 임종에 대해 떠올려 본다.

② 도화지에 관 속에 넣을 자기의 모습을 그리고 오린다.

③ 자신의 관 속에 넣고 싶은 것을 그려서 넣는다.

④ 관을 도화지 가운데 놓고 관의 주변에 자신의 죽음을 지켜봐 주었으면 하는 사람들을 그려 넣는다.

⑤ 작품이 완성되면 이야기를 나눈다.

4) 임상장면에서의 적용

① 임종 때 보고 싶은 사람들에 대해 탐색해 보고 관 주변에 그리도록 안내한다.

② 마지막에 하고 싶은 말이 무엇일까에 대해 생각해 보도록 한다.

③ 무엇이 가장 아쉬울 것인지, 무엇이 가장 자기를 편안하게 할지에 대해서도 탐색해 본다.

④ 임종이 아닌 지금 무엇을 하여야 그때 후회하지 않을지에 대해 찾아본다.

5) 사 례

내담자는 50대의 중년 여성이다.

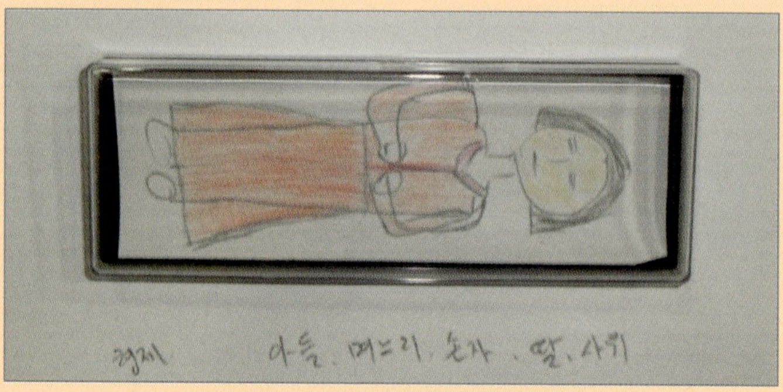

• 그림 2-24 • 인생의 마지막 장면

자신의 모습을 타원으로 그리면서 시부모님의 초상에서 그렇게 천으로 감싸여 있었다고 하였다. 손이 위로 올라와 있고 그 다음 옷을 입혔다고 하며 지우고 다시 그렸다. 붉은색으로 칠하고 치마도 주황색으로 칠하였다. 관을 도화지의 가운데 놓고 누가 왔으면 하는지 그려 보도록 하니 글로 아들, 며느리, 손자, 딸, 사위라고 쓰고 잠시 후 형제도 썼다. 자녀들에게 남기고 싶은 말은 형제들끼리 우애 있게 열심히 살라는 말과 함께 자기처럼 살지 말았으면 좋겠다고 하면서 울었다. 후회되는 것은 자기표현을 하지 않고 답답하게 산 것이라고 하였다. 현실에서 남은 삶은 표현을 하고 살아야겠다고 하였다. 내담자는 작업을 통해 시부모님과 살면서 자기표현을 못하고 산 것에 대해 수용하고 지금부터는 남편과 자녀들에게 자신의 생각을 분명하게 표현하고 살아야겠다는 의지를 표명하였다.

18 웅덩이에서 나온 모습

삶에서 문제에 부딪히고 해결이 잘되지 않을 때 사람들은 깊은 웅덩이에 빠진 상황과 유사한 느낌을 갖게 되고 혼돈 속에 빠지거나 좌절하여 웅크리고 앉아버리기도 한다. 웅덩이 작업은 이러한 이들에게 자신의 모습을 현실적으로 볼 수 있도록 돕는다. 또한 절망감을 느낄 때 자신을 도와줄 사람이 있음을 알게 하여 희망을 가지게 한다(최외선, 김갑숙, 최선남, 이미옥, 2006). 웅덩이 작업을 통해 현실적 시각을 경험한 후 자신이 바라는 모습을 명확하게 하는 작업을 통해 문제해결을 위한 구체적인 계획을 세울 수 있도록 돕는다.

1) 목 표

① 자신의 희망하는 모습을 분명히 인식하고 구체적으로 자신이 할 수 있는 일들을 계획한다.

② 생활 속에서 부딪히는 문제가 자신에게 어떻게 영향을 미치고 있으며 그러한 문제를 어떻게 해결하는지 문제해결 방법이나 능력을 이해한다.

2) 준비물

① 그리기 작업: 도화지, 사인펜, 마커, 색연필

② 콜라주 작업: 도화지, 잡지, 가위, 풀, 사인펜/색연필

3) 방 법

① 도화지의 한쪽에 웅덩이를 그린다.

② 눈을 감고 웅덩이에 빠져 있다가 밖으로 나와 있는 자신의 모습을 상상한다.

③ 상상한 모습을 그림으로 표현한다.

④ 작품에 대해 이야기를 나눈다.

⑤ 바라는 모습을 위해 현재 할 수 있는 일을 구체화한다.

4) 임상장면에서의 적용

① 이 작업을 하기 전에 웅덩이 작업을 실시하는 것이 효과적일 수 있다.

② 작품에서의 모습에서 감정, 생각, 행동에 대한 질문을 통해 바라는 모습이 진정으로 원하는 모습인지 탐색한다.

③ 희망하는 모습이 되기 위해 현재 자신이 할 수 있는 구체적인 방법들을 모색하도록 안내한다.

④ 웅덩이 작업에서 자신을 도울 수 있는 자원을 활용하는 방안도 탐색해 볼 수 있도록 한다.

5) 사 례

내담자는 10대 여학생이다.

• 그림 2-25 • 웅덩이에서 나온 모습

내담자는 이 웅덩이 안에 박힌 돌을 밟고 혼자서 나왔다고 하였다. 겉모습을 보면 옷과 신발은 얼룩져 있고 얼굴과 팔에 상처도 있다. 표정은 짜증난 모습이고 눈은 원으로만 그려져 있다. 웅덩이는 자신에게 폭력을 가했던 가족과 비슷하다고 하였다. 지금은 독립하여 가족과 같이 살지 않으니 괜찮다고 하였다. 다시 빠지지 않을 것이며 혼자서 자기 집으로 갈 것이고 지금처럼 열심히 살 것이라고 하였다. 작품의 제목은 '자유'라고 정하였다. 내담자는 이 작업을 통해 폭력을 가했던 가족에 대해 더 이상 미련이 없고 독립적으로 열심히 사는 것이 더 중요하다는 것을 분명히 인식하게 되었다.

19 메모리 체인지

외상 후 스트레스 장애(PTSD)란 전쟁, 사고, 자연 재앙, 폭력, 학대 등 심각한 신체 손상이나 생명을 위협하는 경험 등 심각한 외상을 보거나 직접 겪은 이후 나타나는 불안증상이다. 내담자들은 외상적 경험들에 대하여 공포심과 아무도 자신을 도와줄 수 없다는 느낌을 갖게 되고, 반복적으로 사건이 회상되며, 이를 피하고자 하는 증상이 나타난다. 이렇게 장애를 유발하는 고통스러운 경험들뿐만 아니라 어릴 때 자신을 돌보지 못한 환경, 즉 부모에 대한 원망, 분노 등의 감정을 포함하는 비공감적인 경험들도 이후 삶에 지속적으로 영향을 미치며, 자기표상과 대상표상을 형성하여 부적응적인 행동을 유발하게 된다. 이러한 기억들에 대해 선택하는 새로운 기억을 형성하는 것은 심리적 불안감을 감소시키는 데 긍정적 역할을 하게 된다.

1) 목 표

외상 후 스트레스 장애나 그와 유사한 경험들에 대한 기억을 수정하여 재형성함으로써 불안증상을 감소시킨다.

2) 준비물

도화지, 색연필, 사인펜 등 채색도구

3) 방 법

① 힘들고 어려웠던 자신의 과거 경험을 그리도록 한다.

② 작품에 대해 이야기를 나눈다.

③ 과거 그때-거기에서 바라는 모습에 대해 이야기를 나눈다.

④ 바라는 그때-거기의 모습을 그린다.

⑤ 작품에 대해 이야기를 나눈다.

4) 임상장면에서의 적용

① 자신의 실제 과거를 그린 후 이야기를 나눌 때 과거에서 느꼈던 사고, 감정들에 대해 충분히 표현하도록 한다. 그 장면 속의 대상들에게 하고 싶은 이야기를 과거의 자기가 되어 충분히 할 수 있도록 수용적이고 안전한 환경을 제공한다.
② '공감적 상상' 기법을 활용할 수 있다.
③ 과거 그때-거기에서 바라는 모습에 대해서는 충분한 대화를 통해 진정으로 바라는 모습을 찾도록 한다.
④ 빈의자 기법을 통해 과거 대상과의 대화를 하도록 할 수 있다.

5) 사 례

내담자는 20대 여성이다.

• 그림 2-26 • 그때-거기

● 그림 2-27 ● 메모리 체인지

어릴 때 할머니에게 보내지던 날을 그림으로 그렸다. 아기였던 자신이 곤히 자는 모습을 그렸고 자신을 할머니 집에 두고 가면서 무심하게 바라보는 엄마의 모습을 비스듬하게 그렸다. 그때는 아기여서 몰랐겠지만, 어머니와 같이 살고 싶은 마음일 것이라고 하였다. 자신을 키워 주었던 할머니는 항상 옆에 있어 주었으며 다쳤을 때도 할머니가 먼저 달려왔었다고 하였다. 그때-거기에서 바라는 모습은 어머니가 자기를 돌봐 주는 모습이라고 하였다. 바라는 모습을 상상해 보고 그림으로 그려 보도록 하였다. 자신을 업고 돌보는 어머니의 모습을 그렸고 행복한 표정을 지으며 마음에 담아 둘 것이라고 하였다. 내담자는 사랑받고 싶다는 마음이 크고 외로워 하였는데 작업을 통해 할머니의 사랑에 대해 인식할 수 있었고, 힘들었던 과거의 기억에서 벗어나 긍정적인 어머니의 모습을 마음에 내재화할 수 있었다.

20 가면과 생얼

우리는 많은 사람들을 만나면서 살아가고 있다. 우리가 만나는 모든 사람이 같은 모습일 수는 없다. 왜냐하면 서로 역할이 다르기 때문이다. 남편이면서 아들이고 아버지이며 직장 상사이면서 부하직원이 되기도 한다. 친구이면서 학생이기도 하고 누군가에게는 교사이기도 하다. 역할에 따라서 어느 대상에게는 자신의 마음을 솔직하게 표현하기도 하지만, 누군가에게는 부당한 상황에서도 할 말을 못하고 착한 모습으로 보이기도 한다.

1) 목 표

① 자신의 가면과 생얼을 탐색하여 그 차이를 인식하고 이해한다.
② 어떤 타인에게 자신을 솔직하게 표현하지 못하는지 인식하고 그 원인을 탐색한다.

2) 준비물

마분지/종이 가면, 색종이, 사인펜 등 채색도구, 가위, 풀, 끈, 여러 가지 꾸미기 재료

3) 방 법

① 어느 상황이나 누구와의 관계에서 자신이 타인처럼 느껴지는지 또는 가정에서와 다른 모습으로 행동하는지를 탐색해 보도록 한다.
② 집에서의 자신과 다른 모습을 가면으로 만들어 본다.
③ 집에서 표현되는 자신의 생생한 모습을 생얼로 만들어 본다.
④ 완성되면 가면과 생얼의 차이에 대해 이야기를 나눈다.

4) 임상장면에서의 적용

① 자신이 만든 가면과 생얼로 역할극을 통해 보다 구체적인 장면을 떠올리고 표현할 수 있도록 돕는다.

② 가면을 썼을 때 자신은 어떤 사고, 행동, 감정을 지니는지 살펴보고 타인이 자신을 어떻게 봐주기를 바라는지, 즉 기대하는 것에 대해 탐색해 본다.

③ 생얼일 때 만족스러운 자신의 모습과 만족스럽지 못한 자신의 모습은 어떠한지에 대해 탐색해 보도록 한다.

④ 작업을 어려워하는 내담자의 경우는 만들어진 가면을 사용할 수도 있다. 또는 그림으로 표현할 수도 있다.

5) 사 례

내담자는 20대 여성이다.

• 그림 2-28 • 가면

• 그림 2-29 • 생얼

작업 후, 밖으로는 화려하게 꾸미고 웃고 다니는데 어둡고 슬퍼 보이는 모습도 있다고 하였다. 주변 사람들은 자기가 슬퍼 보인다고 말하며 눈에 눈물이 고여 있는 것 같다고 말하고 일을 할 때는 표정이 없는 것처럼 보인다고 하였다. 내면은 화려하고 싶은데 그렇지 못하고 낙엽처럼 외로우며 단추처럼 벽을 쌓고 있어 답답하다고 하였다. 검은 털실은 사람들이 잘해 주면 자신에게 뭘 바라는 것이 있는지 생각하게 되는 것이라고 하였다. 초등학교 때 친한 친구들과 친구 집에서 놀았는데 자기가 잠시 밖으로 나간 사이 자기에 대해 험담을 하는 것을 보게 되었고, 그 후 사람들을 믿어서는 안 된다는 생각을 하게 되었다고 하였다. 빈의자 기법을 통해 그 친구들에게 하고 싶은 말을 표현하였다. 내담자는 이 작업을 통해 자신이 솔직하게 표현하지 못하거나 타인에게 거리감을 두었던 이유를 인식할 수 있게 되었고 모든 사람이 그렇지 않다는 것을 인식하게 되었다.

㉑ 천사와 악마

1923년 Freud는 의식과 전의식의 지형학적 모델이 심리적 갈등을 설명해 주기에 불충분한 것으로 판단하고, 무의식적 소원들과 충동들이 의식, 전의식과 갈등하는 것이 아니라 방어들과 갈등하고 있다는 사실을 밝혀낸다. 이러한 방어들은 의식할 수 없으며 의식에 수용되지 않는다고 하였다. 따라서 충동들과 소원들뿐만 아니라 방어 자체도 무의식적인 작용이다. 구조적인 모델은 무의식 안에 자기를 구성하는 모든 요소들을 배치하였는데 그 요소는 원본능, 자아 그리고 초자아다. 원본능은 원시적이고 충동적인 에너지의 도가니이며 자아는 원본능의 충동들을 통제하려는 규제기능들의 집단이다. 초자아는 내면화된 부모상들로 조직된 도덕적 가치들과 자기 비판적인 태도들의 집합이다(Mitchell & Black, 1995). 자아는 악마같이 쾌락을 추구하는 원본능을 천사 같은 초자아의 도움을 받아 자기의 행동을 조절한다.

1) 목 표

마음의 구조인 원본능, 자아, 초자아를 탐색하고 현실에서의 방어적 태도를 인식한다.

2) 준비물

도화지, 색연필, 사인펜

3) 방 법

① 명상을 통해, 태어나서 지금까지의 삶을 상상해 보도록 한다.

② 다음 지시문을 통해 작업을 안내한다.

"인간은 삶의 매순간 선택의 기로에 서게 되고 그 선택의 순간 자신 속에서 상반된 얘기를 하는 또 다른 자신을 만나게 되기도 합니다. 그들을 쉽게 천사와 악마라고 할 때 때로는 천사의 의견을, 때로는 악마의 의견을 들었던 우리의 과거 경험들이 있을 것입니다. 기억 속에 이런 유사한 경험이 있었다면 그때를 떠올려 상황을 중앙에, 좌우에 선과 악의 모습을 그려 보세요. 최근 선택을 해야 되는 것이 있다면 그 상황을 중앙에 표현하고 좌우에 선과 악을 그려 보세요."

③ 그림이 완성되면 나누기를 한다.

4) 임상장면에서의 적용

① 과거의 선택상황에서 유사한 패턴이 있었는지를 확인해 보고 이후 변화를 위한 구체적인 방법을 탐색해 보도록 한다.
② 치료과정에서 나타난 선택의 태도와 실생활에서의 태도를 비교하여 탐색해 보도록 한다.
③ 반복적으로 사용하는 매체가 있었다면 다음 회기에 한 번도 선택해 보지 않은 새로운 매체를 선택해 보도록 한다.

5) 사 례

내담자는 고등학교 2학년 남학생과 그의 가족이다.

• 그림 2-30 • 아들의 천사와 악마

● 그림 2-31 ● 아버지의 천사와 악마

가족과 관련된 자신의 선택이 서로에게 상처가 되었던 사건을 떠올리며 그림을 그렸다. 아버지는 처갓집과 관련된 이야기를 하며 일을 핑계로 아이들의 외갓집에 가지 않고 낚시를 하러 갔었던 일, 어머니는 아들의 학업과 관련된 이야기, 아들은 어머니는 자기가 공부하고 있을 것이라고 믿고 있는데 공부를 하지 않고 컴퓨터 게임을 하고 있는 내용, 딸도 어머니의 잔소리로 공부를 해야 하는데 하기 싫은 마음이 더 커진다고 하였다. 가족은 서로 심리적 거리감을 느끼며 대화 없이 지내다가 아들이 의욕이 없고 공부에 대해 과도한 스트레스를 느끼게 되어 가족상담을 하게 되었다. 이 작업을 통해 가족의 마음은 서로 달랐지만 결국 자신의 내면에 있는 부정적인 소리를 들었으며, 진심은 그렇지 않았다는 것을 서로 인식하게 되었다.

22 나에게 쓰는 편지

사람들은 하고 싶은 말을 다 하고 살고 싶지만 그럴 수가 없다. 심지어 하고 싶은 말과 그 대상이 분명함에도 불구하고 그럴 수 없는 경우도 있다. 대상이 세상을 떠났거나 말을 들어 줄 인지적 능력이 되지 않는다든지, 전혀 공감적이지 못한 태도를 보인다면 말을 한 것을 후회하게 될 수도 있다. 두려운 내담자는 치료 장면에서조차 말로 표현하지 못하기도 한다. 그들의 표현을 기다릴 수도 있고 편지로 표현할 수 있도록 도울 수 있다.

1) 목 표

① 과거의 대상에게 표현하지 못했던 생각, 감정들을 표현하도록 돕는다.
② 과거의 자신에게 편지를 써서 읽어 줌으로써 과거의 삶에 공감한다.

2) 준비물

색도화지, 사인펜, 색연필, 스티커, 모양펀치, 풀, 가위, 여러 가지 꾸미기 재료와 글루건

3) 방 법

① 다양한 재료를 활용하여 편지지를 만든다.
② 편지지에 자신에게 편지를 쓴다.
③ 편지의 내용을 스스로 읽거나 치료자가 읽어 준다.
④ 편지 내용에 대해 이야기를 나눈다.

4) 임상장면에서의 적용

① 집단에서 사용할 경우 자신에게 편지를 쓰고 그 편지를 집단원이 읽어 줌으로써 내담자는 자신을 잘 알고 있는 한 타인으로부터 공감받는 경

험을 할 수 있다.

② 구조화된 프로그램을 운영할 경우 편지를 받을 대상을 정해 줄 수도 있다.

③ 편지를 쓸 때와 편지를 읽고 나서 마음이 어떠한지 탐색해 본다.

④ 다음에 자신에게 편지를 쓴다면 어떤 내용이기를 바라는지 이야기해 본다.

5) 사 례

(1) 나에게 편지 쓰기

내담자는 중학교 3학년 남학생이다.

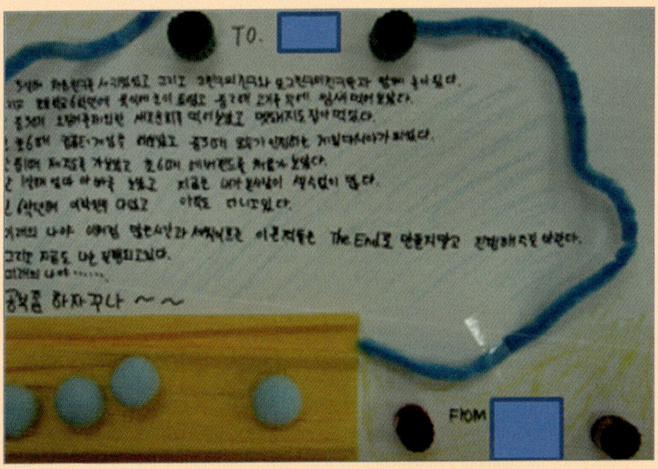

● 그림 2-32 ● 나에게 쓰는 편지

내담자는 초등학교 때부터 있었던 일에 대해 한 문장씩을 썼다. 5살 때 친구를 처음 사귀었고 초등학교 6학년 때 컴퓨터 게임을 처음 하게 되었으며 중학교 3학년 때는 게임 매니아가 되었다고 썼다. 1살 때 엄마, 아빠를 처음 보았고 그 후 셀 수 없이 많은 사람을 보았다고 썼다. 그리고 미래의 나에게 'The END'로 만들지 말고 진행되길 바라고 공부 좀 하자라고 썼다. 작업 후 다른 집단원이 편지를 읽어 주자 정말 자신에 대해 잘 알고 있는 친구가 자신에게 편지를 써 준 것 같아서 뭉클하다고 하였다. 내담자는 목표도 없이 공부만 해야 한다는 상황 속에서 스트레스를 겪고 있었고 이 작업을 통해 어린 시절의 자기의 모습을 회고할 수 있었으며 미래의 자신에게 조언할 수 있었다.

(2) 나에게 쓰는 감사 편지

내담자는 고등학교 1학년 여학생이다.

● 그림 2-33 ● 나에게 쓰는 감사 편지

편지지를 정성껏 예쁘게 그린 후 자신에게 지금까지 사느라 힘들었냐고 묻고 열심히 살아온 것이 고맙게 느껴진다고 썼다. 더 감사한 일은 방향을 세우고 목표를 향해 노력하고 있다는 것이며 더 넓은 미래를 바라보며 행복해지고 후회가 남지 않을 삶을 스스로 가꾸어 나가자고 썼다. 다 쓴 후 집단원이 자신에게 편지를 읽어 주니 좋았다고 하였다. 제목은 '나에게 쓴 편지' 라고 정하였다. 내담자는 중학교 때는 공부를 열심히 하였는데 고등학교에 가면서 공부할 이유를 잃어버렸고 학교를 중퇴하였다. 가족의 무시를 견디다가 가출하였지만 다시 공부해야겠다는 마음을 먹고 자격증 공부와 검정고시 공부를 열심히 하고 있었다. 이 작업을 통해 내담자는 자신의 힘들었던 사람에 대해 공감하고 힘들어도 목표를 향해 노력한 점에 대해 지지하고 감사하였다. 그리고 행복한 미래를 위해 지속적으로 노력해야 한다는 것에 대해 인식하게 되었다.

23 크리스마스 트리

크리스마스 트리는 상록수로 생명의 상징을 의미한다(브리태니커, 2012). 크리스마스가 되면 트리를 아름답게 장식하고 바라는 선물이 트리 아래 놓여 있기를 기대한다. 크리스마스 트리의 의미를 담은 이 기법은 장점나무 기법에 콜라주 기법을 적용한 것이다. 장점나무를 통해 자신의 장점과 흥미, 목표 등을 표현하게 되는데, 여기에 자신에게 주는 선물을 표현함으로써 그 나무가 더 풍성해지도록 하며 자신에게 희망과 용기를 줄 수 있도록 하였다.

1) 목 표

① 자신의 장점을 찾아보고 목표, 꿈을 키우고 자신감을 높인다.
② 자신에게 주는 선물을 통해 자신을 배려하고 자아강도를 향상시킨다.

2) 준비물

4절 도화지, 색종이, 가위, 풀, 색연필, 사인펜, 잡지책

3) 방 법

① 도화지에 색연필로 자신을 상징하는 나무, 즉 '자신의 나무' 를 그리게 한다.
② 나무의 수관을 구성하는 나뭇잎과 열매를 떠올리게 한다.
③ 색종이로 나뭇잎을 만든 후 각각의 나뭇잎 위에 자신이 잘하는 것을 적어 보게 한다.
④ 열매에는 하고 싶은 것을 적어 보도록 한다.
⑤ 이 나무가 크리스마스 트리라면 나무 아래에 무엇이 있을까라고 물어본다.
⑥ 자신이 받고 싶은 선물을 잡지책에서 찾아 오리거나 찢어서 붙이도록

한다.

⑦ 작품에 대해 이야기를 나눈다.

4) 임상장면에서의 적용

① 개인치료 시 치료자도 칭찬 나뭇잎을 만들어서 준다. 구체적인 이유도 제시하며 지지한다.

② 내담자가 치료자에게 만들어 주고 싶다고 하거나 그런 표현을 한다면 수용해 주는 것이 좋다.

③ 집단일 경우 크리스마스 선물을 집단원들에게 콜라주로 작업할 수 있다. 어떠한 이유에서 선물을 하게 되었는지 이야기를 나눈다. 치료자가 내담자에게 주고 싶은 선물을 잡지에서 오려 붙여 줄 수 있다.

④ 잡지책은 다양한 종류를 준비한다면 더 효과적일 수 있다. 특히 내담자가 남자일 경우 자동차잡지 등 취향을 고려한다면 작업에 도움이 될 것이다.

⑤ 하고 싶은 일에 대해 자세히 탐색하여 구체적으로 계획할 수 있도록 돕는다.

5) 사 례

(1) 개인미술치료

내담자는 대학교 2학년 여학생이다.

● 그림 2-34 ● 크리스마스 트리

분홍과 노랑 색종이를 선택해서 하트 모양으로 만든 다음 자신의 장점으로 '성격이 좋다, 약속을 잘 지킨다, 아무 거나 잘 먹는다, 다른 사람 말을 잘 들어 준다, 친구를 잘 이해해 준다, 상대방을 무시하지 않는다, 가족을 소중하게 생각한다'를 써서 붙였다. 치료자가 '성실하다, 솔직하다'라고 써서 주며 구체적인 이유를 말하니 스스로 인정하면서 나무에 붙였다. 다른 사람도 자신에게 성격이 좋다고 말하였다고 하였다. 이 나무를 크리스마스 트리라 생각하고 받고 싶은 선물을 잡지에서 골라 오려 붙여 보도록 하였다. 책상, 침대, 가방, 화장품, 자동차, 스마트폰, 컴퓨터를 갖고 싶고, 고기도 먹고 싶으며, 늘 커피를 마실 수 있는 커피 메이커도 갖고 싶다고 하였다. 자신은 바리스타가 되고 싶다고 하였고 꼭 될 것이라고 하였다. 내담자는 이 작업을 통해 자신의 전공과 다른 꿈에 대해 이야기를 하게 되었고 그 목표에 대한 의지를 다지는 계기가 되었다.

(2) 집단미술치료

내담자는 20대 중반의 여성이다.

• 그림 2-35 • 집단 크리스마스 트리

집단원은 내담자의 장점으로 긍정적이고 화를 잘 안 내고 잘 웃으며 사교적이고 의지가 강하다고 표현하였다. 하고 싶은 일은 나 홀로 여행, 친구들과 계모임, 보호관찰사, 청소년상담사, 범죄심리 전문가가 되고 싶다고 나무 열매에 표현하였다. 이 나무를 크리스마스 트리라 생각하고 집단원들에게 주고 싶은 선물을 주기로 하였다. 한 집단원은 내담자에게 남자친구를, 다른 집단원들은 여행을 가고 싶다고 하였기에 배낭을 선물하였다. 또 다른 집단원은 20대이기에 화장품이 필요할 것이라고 하며 화장품을 선물하였고 공부를 하고 싶다고 하였기에 계속해서 열심히 공부하라는 의미에서 책을 보는 사진을 붙였다고 하였다. 내담자는 집단원에게 고마움을 표현하였다. 이 작업을 통해 자신의 장점을 분명하게 인식하고 하고 싶은 것에 대해 분명하게 표현하였으며 집단원의 선물이 지지가 되었다.

24 버킷 리스트

현재의 삶에서 무엇을 해야 할지 모르겠다든지 무엇을 원하는지 모르겠다라고 하는 내담자의 말을 가끔 듣게 된다. 과거의 삶에서 자신이 원하는 것을 할 수 없었기에 스스로 욕구를 억압하는 습관의 영향으로 현재의 욕구를 억압하고 있을 수도 있으며, 자신이 겪고 있는 문제를 나름대로 해결하기 위해 노력하였음에도 결과가 달라지지 않아서 노력을 포기하게 되었을 수도 있다. 요즘의 세대에서 볼 수 있는데 어릴 때부터 시간 관리를 해 보기도 전에 부모가 관리하는 대로 반응하다 보니 수동적인 태도가 익숙해져 있는 경우들도 있다. 그들에게 한시적인 삶이 주는 강렬함이 억압된 욕구를 표출할 수 있는 자극이 될 수 있다.

1) 목 표

① 6개월의 한시적인 삶을 살게 되었을 때 바람 탐색을 통해 현재를 구체적으로 계획한다.

② 미해결과제를 남기지 않고 지금-여기의 욕구를 발견하고 표현한다.

2) 준비물

도화지, 색연필, 사인펜 등

3) 방 법

① 시한부인생과 관련된 소설이나 드라마의 내용을 제시하고 자신의 삶이 6개월만 남았다고 생각해 보도록 한다.

② 무엇을 하고 싶은지 생각해 보도록 한다.

③ 떠오르는 대로 그림으로 표현하도록 한다.

④ 작업이 끝나면 한 가지씩 이야기를 나누도록 한다.

⑤ 언제, 어떻게 실천할 것인지에 대해서도 계획한다. 오늘, 이번 주에 즉시 실천할 수 있는 것을 찾아 실현할 수 있도록 구체화한다.

4) 임상장면에서의 적용

① 9분할 통합 회화법을 활용하여 작업을 할 수도 있다.
② 그림으로 표현하기 어렵다고 할 때는 글로 쓸 수도 있다.
③ 막연하게 '좋은 엄마'라는 목표가 아닌 구체적으로 무엇을, 어떻게 하고 싶다는 것을 분명하게 하여 실천할 수 있도록 한다.
④ 자신이 바라는 것을 시각화—구체적 상상—를 통해 긍정적 이미지를 갖도록 한다.

5) 사 례

내담자는 고등학교 1학년 여학생이다.

• 그림 2-36 • 버킷 리스트

내담자는 외국여행을 가고 싶고 남자친구를 사귀고 싶으며 엄마와 하루를 같이 보내고 싶고 클럽에 가서 실컷 놀아 보고 싶다고 하였다. 번지 점프도 하고 싶고 방송국에 가서 연예인도 볼 것이고 증명사진을 찍고 자서전을 남기고 예쁜 옷도 사 입고 싶다고 하였다. 제목은 '내가 할 일'이라고 정하였다. 내담자는 부모의 이혼 후 친척집에 같이 살았는데 친척의 언어적, 신체적 폭력으로 가출하였다. 다시 돌아가지 않고 어머니와 함께 살기 위해 방향을 모색하는 중이었다. 내담자는 이 작업을 통해 자신이 정말 하고 싶은 것이 무엇인지 알게 되었고 열심히 해 봐야겠다고 다짐하게 되었다.

25 시크릿

당신이 되고 싶은 것, 하고 싶은 것, 갖고 싶은 것은 모두 사랑에서 온다. 사랑은 긍정적인 힘으로 당신이 움직이도록 격려하고 뭔가를 하고 싶은 마음이 들도록 하고 뭔가가 되고 싶은 마음이 생기도록 하는 것이다. 사랑의 긍정적인 힘에 의해 삶에 좋은 것이 생기고 좋은 것이 늘어나며, 부정적인 것이 변화될 수 있다(Byrne, 2008). 이러한 긍정적인 마음으로 자신이 진정으로 바라는 것을 선택한다면 그것은 삶에 행복과 기쁨을 가져다줄 것이다. 내담자들에게 그들 속에 숨어 있는 이 긍정의 힘을 찾도록 돕는 것은 매우 중요한 일 중의 하나다.

1) 목 표

작은 것에 감사하며, 삶을 긍정적으로 바라볼 수 있는 힘을 기른다.

2) 준비물

4절 도화지, 잡지, 풀, 가위, 색연필, 사인펜

3) 방 법

① 상상을 통해 내담자 자신이 바라는 현재의 삶을 마음속에 그려 보도록 한다.
② 내담자가 바라는 삶을 그림이나 콜라주로 표현하도록 한다.
③ 표현된 내용을 보면서 현실에서 실제 일어나고 있는 모습처럼 이야기하도록 한다.
④ 내담자가 그러한 삶을 살고 있는 것처럼 느끼도록 돕는다. 건강한 모습, 좋아하는 직장일, 행복한 가족 모두가 내담자가 가진 삶이고 이를 선택할 수 있도록 한다.

⑤ 무엇이 선택할 수 없도록 하는지에 대해 이야기를 나눌 수 있다.

4) 임상장면에서의 적용

① 이 작업을 하기 전에 과거의 삶을 돌이켜 보고 긍정적인 요소를 찾을 수 있도록 한다.
② 대화 중에 내담자에 따라서 부정적인 표현이 나타날 수 있다. 시각을 달리할 때 부정적인 내용이 긍정적인 표현으로 변화할 수 있다는 것을 인식하도록 돕는다.
③ 자신이 원했던 것을 이룬 적이 있는지 경험을 탐색하고 바람을 탐색할 수 있도록 한다.
④ '시크릿' DVD나 책을 활용하는 것도 도움이 될 수 있다.

5) 사 례

(1) 개인미술치료

내담자는 고등학교 1학년 여학생이다.

• 그림 2-37 • 나의 꿈

가운데 미래의 자기를 그렸는데 자신은 토탈뷰티 아티스트가 되어 있을 것이고 연예인처럼 당당하고 멋진 남편과 결혼하고 예쁜 아기들을 낳고 크고 멋진 집에서 살 것이며 명품들을 하고 다닐 것이라고 하였다. 그리고 세계적으로 유명해져서 유명 연예인들의 아티스트가 될 것이라고 하였다. 제목은 '나의 꿈'이라고 정하였다. 내담자는 자연계 고등학교에 진학 후 공부를 열심히 해야겠다는 마음을 가지고 열심히 하는데 아버지가 무시하여서 힘들었다고 하였다. 이 작업을 통해 자신의 꿈을 향해 노력하려는 의지를 다지게 되었다.

(2) 가족미술치료

내담자는 초등학교 3학년 여학생과 가족이다.

• 그림 2-38 • 딸의 시크릿

• 그림 2-39 • 아버지의 시크릿

자신이 바라는 소망을 한 가지씩 떠올리고 종이의 왼쪽에 그려 보았는데 아버지는 마당을 가진 커다란 집을 그렸고, 어머니는 가족이 함께 떠나는 유럽 여행을 그렸다. 내담자는 많은 돈을 그렸고 여동생은 개를 그렸다. 자신의 소망을 소개하고 가족구성원은 그림의 주인이 소망을 이루도록 자신이 도울 수 있는 것을 구체적으로 생각하여 그렸다. 아버지의 그림에 막내딸이 열심히 공부하는 모습을 그린 것과 아내의 저축, 내담자의 돈을 보태는 그림은 아버지가 소망을 이루기에 충분한 지지가 된다고 말하였다. 내담자의 그림에 아버지와 어머니는 칭찬과 기도 그림으로 믿음을 더하였고, 여동생은 자신의 과자를 나눠 먹는 모습을 그려 가족 모두가 함께 웃었다. 내담자는 학교와 가정에서 자주 울며 짜증을 내고 동생과도 자주 싸웠으며 이로 인해 어머니의 꾸중을 많이 들었다. 이 작업을 통해 가족은 소망을 표현하고 이에 대해 지지함으로써 서로에게 긍정적인 표현을 하는 계기가 되었다.

(3) 집단미술치료

내담자는 초등학교 3학년 남학생과 여학생 집단이다.

• 그림 2-40 • 시크릿

진심으로 바라는 소원 한 가지를 정하고 한 점의 의심 없이 줄곧 바란다면 반드시 이루어질 것이라고 안내하였다. 한 아동은 원 안에 강아지를 갖고 싶다면서 강아지와 자신이 놀고 있는 모습을 그렸다. 그러자 옆자리에 앉은 집단원이 집에 강아지가 있는데 더 이상 키울 수가 없어 분양을 하려 하는데 가지길 원하는 아동의 부모가 허락한다면 강아지를 주겠다고 하였다. 집단원들은 자기 표현이 서툴렀고 이로 인해 친구 관계가 원만하지 못한 상황이었다. 이 작업을 통해 집단원들은 바라면 진짜 이루어진다는 것과 표현의 중요성을 실감하게 되었다.

26 나를 위한 밥상

아내이거나 어머니는 남편을 위해, 자녀들을 위해 밥상을 차린다. 결혼생활이 길어질수록 그러한 모습은 가족들에게 당연시 여겨진다. 장보기를 하고 가족들의 건강을 위해 정성을 다한다. 때론 그렇게 하지 못하여 죄책감을 가지고 살기도 한다. 또한 충분히 사랑받고 성장하지 못하고 있는 아동, 청소년들은 음식에 대한 욕구가 다르다. 자신이 먹고 싶은 음식을 차려 놓는 것으로 배부르다는 것보다 마음이 가득 찬 느낌을 경험하게 될 것이다. 지금까지 열심히 살아온 이의 삶에 대한 지지와 격려의 의미로 자신을 위한 밥상을 떠올린다면 무엇보다 신체에 공감하는, 즉 가장 기본적인 욕구인 존재감을 일깨우는 작업이 될 것이다.

1) 목 표

① 자신의 삶에 대해 스스로 인정하고 지지하는 작업을 통해 자신감을 기른다.

② 장년기, 노년기 이전의 삶에 대해 회고해 보고 격려하며 통합감을 경험한다.

2) 준비물

컬러 점토, 점토용 도구/도화지, 색연필, 사인펜

3) 방 법

① 좋아하는 음식, 관심이 가는 음식이 무엇인지 생각해 보도록 한다.

② 지금까지 열심히 살아온 자신을 위해 음식을 준비한다면 어떤 음식을 차리고 싶은지 생각해 본다.

③ 상을 그리고 그 위에 자신이 생각한 음식을 그려 보거나 점토로 만들어

본다.

④ 자신을 위해 차린 밥상에 대해 이야기를 나눈다. 누가 이 상을 차려 주었으면 좋을지, 누구와 함께 식사를 하고 싶은지에 대해 이야기를 나눌 수 있다.

4) 임상장면에서의 적용

① 자신의 삶을 돌아보고 자신에게 해 주고 싶은 말을 떠올려 보고 표현해 보는 것이 도움이 될 수 있다.

② 살아오면서 자신을 지지해 주고 격려해 주었던 사람을 떠올려 보고 그 사람이 자신을 위해 차려 주었으면 하는 상을 차려 볼 수도 있다.

③ '인생 파노라마' 작업 후에 자신을 지지하는 작업으로 활용될 수도 있다.

④ 자신의 삶을 돌아보고 자신이 좋아하던 음식이 무엇이었는지도 떠올려 본다. 그 작업을 통해 음식과 관련된 경험을 이야기해 볼 수 있다.

5) 사 례

내담자는 초등학교 3학년 여학생과 어머니다.

• 그림 2-41 • 나를 위한 밥상

내담자는 엄마와 함께 작업을 하였는데 자기를 위한 상차림을 하였다. 딸은 먼저 식탁을 크게 그린 후 좋아하는 음식들을 그리기 시작했는데 어머니가 그 모습을 지켜보고 있으니 그리라고 권하였다. 어머니는 좀 소극적인 모습으로 무엇을 그릴까 하고 물으니 딸이 그리고 싶은 것을 그리라고 하였다. 딸은 통닭, 떡볶이, 멜론, 딸기, 피자 등 좋아하는 음식을 그렸는데 먹고 싶다고 하였다. 그리고 밝은 표정으로 엄마, 아빠, 친구들과 같이 먹고 싶다고 하였다. 어머니 보고에 따르면 내담자는 화장실까지도 같이 가자고 하는 등 어머니와 떨어지지 않으려 하고 다소 불안한 모습이 나타나고 있었다. 어머니와 함께한 이 작업을 통해 내담자는 자신이 원하는 음식을 그리고 지지받음으로써 자신의 욕구를 표현하고 수용받는 경험을 하게 되었다.

27 소망 낚시

Glasser(1984)는 모든 인간은 기본적인 욕구를 가지고 태어난다고 하였다. 그 기본 욕구는 사랑과 소속의 욕구, 힘과 성취의 욕구, 자유에 대한 욕구, 즐거움에 대한 욕구, 생존에 대한 욕구다(김인자, 2005). 다섯 가지 욕구는 공통적으로 가지고 태어나지만 그 욕구를 충족하는 방법으로써의 바람은 개인마다 다르다. 임상장면에서 무엇보다 먼저 탐색하도록 해야 하는 중요한 것은 자신의 욕구와 바람을 명확하게 인식하는 것이다.

1) 목 표

① 자기의 욕구와 바람을 탐색한다.

② 가족, 집단원들과 친밀감과 사회성을 향상시킨다.

2) 준비물

원형 자석, 클립, 나무젓가락/긴 막대, 실이나 끈, 투명 테이프, 가위, 마분지, 네임펜, 전지, 색연필, 사인펜, 크레파스, 안대

3) 방 법

① 물고기를 그리고 가위로 오려 낸다. 이때 물고기의 색깔은 서로 다른 색으로 선택한다.

② 자기가 만든 물고기에 자기의 소망을 적도록 한다.

③ 소망을 적은 물고기에 클립을 끼운다.

④ 자석 낚싯대를 만든다. 나무젓가락을 길게 이은 다음 끝에 끈을 맨다. 끈의 끝에 자석을 매단다.

⑤ 낚싯대와 물고기가 완성되면 집단원 모두는 전지에 바닷속 풍경을 함께 그린다.

⑥ 가족의 경우, 짝(부모 팀, 자녀 팀 등)을 이루어 바닷속 풍경이 그려진 전지를 사이에 두고 짝이 서로 마주보도록 앉는다.
⑦ 차례를 정한 후 낚시를 하는 사람이 안대로 눈을 가린다.
⑧ 맞은편에 앉은 짝은 앞이 보이지 않는 낚시꾼에게 낚시꾼의 소망을 적은 물고기가 어디에 있는지 안내한다.
⑨ 시간제한을 주고 자리를 바꿔 낚시를 하도록 한다.
⑩ 마쳤을 때 자신이 잡은 물고기에 쓰인 자신의 소망을 확인하고 구체적으로 어떤 방법으로 소망을 이룰 수 있는지 알아본다.
⑪ 잡지 못한 소망 물고기에 대해서도 구체적인 방법을 찾아본다.

4) 임상장면에서의 적용

① 안대를 사용하지 않을 경우 팀별로 줄을 서서 낚시릴레이를 하는 방법도 있다. 이때는 먼저 출발선으로 들어오는 팀이 이기게 된다.
② 소망을 적지 않고 낚시를 한 후 자신의 잡은 물고기에 자신의 소망을 적어 구체적인 방법을 탐색해 보도록 할 수 있다.
③ 릴레이식으로 할 경우 2명이 한 팀이 되어 1명은 안대를 하고 1명은 길잡이가 되어 길을 안내하고 낚시를 할 수 있도록 돕는 방법으로도 진행할 수 있다.

5) 사 례

내담자는 초등학교 5학년 여학생이다.

• 그림 2-42 • 가족 소망 낚시

만들어진 물고기에 자신의 소망을 구체적으로 작성하고 자신의 소망을 가족들에게 이야기하였다. 아버지와 어머니가 한 팀이 되고 자녀들이 한 팀이 되었다. 아버지의 제안으로 지는 팀이 저녁 설거지를 하기로 결정하였다. 안내할 때 자녀들은 흥분하여 목소리를 높였다. 자녀들이 이겨서 환호하였다. 나누기에서 부모는 앞이 보이지 않은 상황에서 오직 가족에게 의지하여 물고기를 잡아야 하는 상황 속에서 가족의 소중함을 느꼈으며, 온전히 가족의 말에 귀를 기울여야 하는 것이 중요할 것 같다고 피드백 하였으며, 자녀들은 재미있었다고 하였다. 딸에게 외상 후 스트레스 장애가 생긴 이후 비밀이 생긴 것처럼 서로 대화가 줄어들고 힘들어 하였는데, 이 작업을 통해 부모는 자녀들이 무엇을 원하는지 인지할 수 있었으며 가족이 소중하다는 것을 느끼는 계기가 되었다.

03
가족 및 집단 탐색

가족과 타인은 삶의 이유 중 가장 중요한 의미를 지닌 대상이다. 삶이 시작되는 순간부터 가족, 타인과 관계를 시작하고 이를 통해 정신적, 신체적 성장의 욕구를 충족하게 된다. 그 과정에서 해결되지 못한 욕구는 감정과 함께 인간을 고통스럽게 하기도 하고 이를 에너지로 전진하게 만들기도 한다.

1 가족 모빌

경험적 가족치료에서 가족문제의 원인과 결과는 정서적 억압에 있다는 것이 바탕이 된다(Nichols & Schwartz, 2002). 물론 모든 가족구성원들이 자기가 하고 싶은 대로 행동할 수 없다는 것을 배워야 하지만 부모들은 자녀의 감정을 통제하면서 조절하려고 한다. 그러면 자녀들은 자신의 감정을 억압하는 것을 배우게 된다. 이러한 상황이 지속되는 역기능 가족 속에서 성장한 사람은 자신을 충분히 경험하지 못하여 억압된 감정의 에너지로 인해 무기력하거나 불안을 경험하게 된다.

1) 목 표

① 가족 속에서 자신의 위치, 역할을 탐색한다.
② 가족구성원에 대한 자신의 감정을 자유롭게 표현하도록 한다.

2) 준비물

색 종이컵, 나무젓가락, 끈, 송곳, 다양한 꾸미기 재료, 도화지, 색연필, 사인펜, 가위, 풀, 글루건

3) 방 법

① 가족구성원과 가까운 색의 종이컵을 선택한다.
② 종이컵 위에 바로 가족구성원을 그리거나 도화지에 그려서 오려 붙인다.
③ 송곳으로 종이컵 위에 구멍을 뚫은 다음 끈으로 연결시킨다.
④ 나무젓가락을 십자로 놓고 끈이나 글루건 등을 사용하여 고정시킨다.
⑤ 어느 가족구성원과 어느 가족구성원을 하나의 나무젓가락에 연결할지 결정한 다음 나무젓가락 끝에 끈이 달린 종이컵을 매단다.
⑥ 가족구성원에 대해 이야기를 나눈다.

4) 임상장면

① 빈의자 기법을 활용하여 각 가족구성원에 대한 생각, 감정 등을 표현할 수 있도록 도울 수 있다.

② 가족구성원의 종이컵의 다른 면에 그 가족구성원에 대해 생각 나는 것을 그려 넣어 상징을 통해 내면의 이미지를 탐색할 수 있다.

③ 가족치료 시 가족구성원들이 어떻게 연결되어 있는지 서로 탐색해 봄으로써 심리적 동맹이나 연합관계를 파악할 수 있다.

④ 가족 모빌을 만들 때 어떤 의도로 만들었으며 실제 생활 장면과 비교하여 공통점이나 차이점을 탐색해 본다.

5) 사 례

내담자는 초등학교 1학년 여학생이다.

• 그림 3-1 • 가족 모빌

컵에 눈동자를 바로 붙여서 얼굴로 표현하였다. 작은 눈동자는 아빠, 큰 눈동자는 엄마로 표현하였고 자신은 초록색 컵에 작은 눈을 붙였다. 엄마와 자신을 같은 나무에 붙이고 아빠 컵과 장식한 주황색 종이컵을 연결하였다. 꽃과 리본으로 종이컵을 더 꾸미고 싶다고 하면서 컵 하나를 꾸미고 밝은 표정을 지었다. 아빠보다 엄마와의 심리적 거리가 가까운 것을 짐작할 수 있다. 아빠는 배가 나와서 뚱뚱하다고 하면서 운동하라는 자신의 말을 듣지 않는다고 하였다. 무엇보다 내담자는 학교에 가면 집에 있는 엄마에게 무슨 일이 일어날 것 같아 불안해서 학교에서 전화를 하거나 복통을 호소하였다. 엄마가 어디에도 가지 않고 집에 있었으면 좋겠다고 하였다. 이 작업을 통해 부모에 대한 걱정을 표현하고 치료자에 의해 수용되고 공감되는 경험을 할 수 있었다.

2 입체 동물 가족화

동물 가족화는 가족구성원을 동물 모양으로 그리게 하거나 동물 그림을 주고 오려 붙이도록 하여 가족의 성격 특성 및 가족 간의 역동성, 가족 내에서의 자기의 모습을 파악할 수 있는 방법이다(최외선, 김갑숙, 최선남, 이미옥, 2006). 동물 가족화의 입체적 표현은 동적 가족화의 행위, 양식을 반영한 기법으로 심리적 거리감, 상호 작용 등을 탐색할 수 있다.

1) 목 표

가족 안에서 자기의 이미지, 가족구성원의 이미지, 역동성, 성격적 특성을 파악한다.

2) 준비물

도화지 2장, 색연필, 사인펜, 가위, 풀, 투명 테이프

3) 방 법

① 각각의 가족구성원을 닮은 동물로 그려서 모양대로 오려 낸다.
② 다른 한 장의 도화지를 자신의 집이라 생각하고 오려 낸 동물들을 배치한다.
③ 가정환경을 꾸민 후 투명 테이프로 동물들을 고정시킨다.
④ 작품에 대해 이야기를 나눈다.

4) 임상장면에서의 적용

① 각 가족구성원의 장단점에 대해 이야기를 나눈다. 유 · 아동일 경우, 아빠, 엄마가 좋을 때와 싫을 때로 나누어서 질문한다.
② 각 가족구성원을 특정 동물로 표현한 이유에 대해 이야기를 나눈다.
③ 가족구성원에게 하고 싶은 말을 빈의자 기법 등을 활용하여 표현해 보

도록 한다.

④ 각 가족구성원이 다른 동물로 바뀐다면 어떤 동물로 바뀌었으면 좋을지에 대해서도 생각해 본다.

⑤ 각 가족구성원들은 자기를 어떤 동물로 생각할지에 대해서도 생각해 보고 이야기를 나눌 수 있다.

5) 사 례

내담자는 고등학교 2학년 여학생이다.

● 그림 3-2 ● 입체 동물 가족화

어머니를 사슴으로, 아버지를 사자로 표현하였다. 거실에서 연약한 어머니는 늘 무서운 사자 같은 아버지로부터 쫓겨 다닌다. 늘 똑같은 모습으로 대항하지 못하고 있는 모습이라고 하였다. 왜 저렇게 사는지 모르겠다고 하였다. 자신은 그러한 아버지를 막아서는데 어머니, 아버지 사이에서 피가 터지는 닭으로 자신을 표현하였다. 동생은 어머니, 아버지가 다투면 자기 방으로 들어가 컴퓨터를 하고 있는 고양이로 표현하였다. 그래서 때로는 밉기도 하다고 하였다. 내담자는 실제 가족의 모습을 입체적, 상징적으로 표현하면서 가족에 대한 감정을 표출하고 긴장감을 감소시켰으며 가족의 성격적 특성을 재인식하고 가족 내 자신의 위치를 파악할 수 있었다.

3 관계 마인드맵

Fairbairn은 치료과정의 중심적인 특성을 관계에서 찾을 수 있다고 말하였다(Jill & David, 1998). 임상장면 또한 치료자와 내담자의 관계에서 비롯되며 관계를 배제한 치료는 있을 수 없다고 말할 수 있다. 인간의 모든 문제는 관계로부터 시작한다. 부모와 자녀의 관계, 부부관계, 시부모와 며느리의 관계, 장인장모와 사위의 관계, 친구 관계, 동료관계, 선후배관계, 스승과 제자관계 등 우리는 관계를 맺고, 관계 안에서 경험하고 사고하고 감정을 느끼게 된다. 이러한 관계는 한 개인의 성격과 타인과의 관계 맺는 능력에 영향을 미치게 된다.

1) 목 표

내면의 대상관계를 탐색하고 인식함으로써 자기의 성격과 대인관계에 미치는 영향을 파악한다.

2) 준비물

4절 도화지, 색연필, 사인펜

3) 방 법

① 가운데 원을 그리고 자기를 그려 넣는다.

② 그 원을 중심으로 직선을 그어 다른 원과 연결시킨다. 그 원 안에 타인을 그려 넣고 그 원 주변에 그 사람과의 관계에서 형성된 이미지, 연상되는 것들을 그려 넣는다. 연상되는 것이 또 무언가를 연상시키면 선으로 이어서 원 안에 표현할 수 있다.

③ 다른 타인을 원 안에 그리고 자기와 선으로 연결한다. 이때 선의 길이는 심리적 거리감으로 표현할 수 있다.

④ 타인에 대한 이미지, 자기의 성격이 타인과의 관계에 어떤 영향을 미치는지에 대해 이야기를 나눈다.

4) 임상장면에서의 적용

① 자기와 연결된 타인으로 인해 연상되는 타인을 마인드맵으로 계속 연결해 나갈 수도 있다.
② 가계도에서 표현하는 심리적 거리를 적용하여 표현할 수 있다. 융합(≡), 갈등(≈), 단절(─ ‖ ─), 친밀(=), 소원(⋯) 등으로 제시하여 표현을 안내할 수 있다(김용태, 2005).
③ 각각의 원 안에 관계로부터 형성된 이미지를 계속 그려 나가면서 그 안에 병합하고 있는 감정을 찾도록 한다.

5) 사 례

내담자는 중학교 1학년 남학생이다.

● 그림 3-3 ● 관계 마인드맵

자신의 마음이 변덕스럽다고 생각해서 두 얼굴로 표현했다고 하였다. 잘 웃다가도 기분이 나빠진다고 하였다. 집단 상담을 했었는데 거기서 만난 사람들 중에는 컴퓨터를 잘하는 사람, 갈대처럼 이 사람 좋다, 저 사람 좋다 하는 사람이 있고 가족은 아빠와 형이 있고 엄마 하면 집이 생각나고 집에 있는 강아지 두 마리 때문에 항상 기분이 좋다고 하였다. 친구는 연락만 하는 친구, 짱인 친구, 농구를 좋아하는 친구, 항상 밝은 친구, 처음으로 신세계를 보여 준 친구가 있다고 하였다. 자신은 음악도 좋아하고 바이올린과 피아노를 연주할 수 있고 바리스타도 되고 싶고 잘하고 싶은 것은 노래, 요리, 말도 잘하고 싶다고 하였다. 그리고 자신의 꿈은 작곡가라고 하였다. 내담자는 이 작업을 통해 자신의 주변에 다양한 사람들이 있다는 것과 남성적이기보다 예술 분야를 즐겨 하는 자신의 성격을 탐색할 수 있다.

4 콜라주 동물 가족화

동물 가족화는 가족의 성격특성과 가족 간의 역동성을 파악하기 위해 가족을 동물로 표현해 보는 기법(최외선, 김갑숙, 최선남, 이미옥, 2006)으로, 동물 모양으로 그리거나 그리지 못할 경우에는 무채색의 동물 그림을 주고 오려 붙이도록 하는 기법이다. 실제 임상장면에서 내담자들은 동물을 그리는 것에 부담감을 지니고 있는 경우가 많았다. 콜라주 동물 가족화는 자연 그대로의 색상을 지닌 동물 사진을 제공하고 가족 간의 역동성을 파악하고자 한다.

1) 목 표

가족의 성격 특성 및 가족 간의 역동성, 가족에 대한 바람을 파악한다.

2) 준비물

동물 사진 묶음(다양한 동물 사진 제공, 50종 이상), 가위, 풀, 8절 또는 4절 도화지

3) 방 법

① 가족구성원의 성격, 역할 등에 대해 생각하게 한다.

② 지시사항에 따라 자신을 포함하여 가족구성원과 닮은 동물을 찾아 오려 붙이도록 한다.

"사람들은 때론 일상에서 주변 사람들을 동물에 비유하곤 합니다. 느린 사람은 곰 같다거나 꾀가 많은 사람은 여우 같다는 등, 동물의 생김새나 습성을 사람의 외모나 성격에 비유하는데 자신을 포함한 가족을 동물에 비유한다면 어떤 동물과 가장 가까울지 생각해 보세요. 동물 사진에서 가장 비슷한 동물을 찾아 오리거나 찢어서 붙여 보세요."

③ 작업이 끝나면 각 가족구성원의 작품에 대해 서로 이야기를 나눈다.

4) 임상장면에서의 적용

① 가족치료 시 동물을 붙이면서 서로 이야기를 하지 않도록 한다.
② 제공된 사진에서 없다고 할 경우 그림으로 그리거나 글로 표현하도록 한다.
③ 콜라주 동물 가족화를 보여 주면 다른 가족구성원이 누구를 어떤 동물로 표현했을지 맞혀 보도록 할 수 있다. 그래서 퀴즈처럼 모두 맞출 때까지 계속할 수 있다.
④ 어떤 의미에서 그 동물을 붙였을지에 대해서도 이야기를 나눠 보도록 한다.
⑤ 가족의 이미지를 바라는 동물 모습으로 표현하게 할 수도 있다.

5) 사 례

내담자는 중학교 1학년 남학생과 가족이다.

• 그림 3-4 • 아들의 콜라주 동물 가족화

● 그림 3-5 ● 딸의 콜라주 동물 가족화

내담자는 아버지를 성난 고릴라와 바위 위에 서 있는 호랑이, 먹이를 낚아채기 위해 곤두박질치는 독수리로 표현하였고, 어머니를 캥거루, 새끼를 업고 있는 코알라로, 여동생을 토끼와 병아리, 다람쥐, 자신을 자고 있는 물개, 돌고래, 부엉이로 표현하였다. 내담자는 아버지에 대해 무서운 사람으로 인식하고 있었는데 아버지가 퇴근해 귀가할 때면 마치 호랑이 앞에 선 사슴마냥 다리가 후들거리고 가슴이 답답해 온다고 하였고, 어머니는 언제나 자신을 걱정하고 챙겨 주어 캥거루와 코알라가 생각났으며, 동생은 아직 어리고 어리광 피우는 모습이 귀여워 다람쥐와 병아리, 토끼가 떠올랐다고 하였다. 바라는 모습에는 아버지가 지금보다 좀 더 자상해서 자신의 이야기를 편하게 할 수 있는 상대가 되기를 기대하였고 어머니와 여동생에게는 특별히 바라는 점이 없다고 하였다. 나머지 가족 또한 서로가 이해하는 가족들에 대해 동물로 표현하여 나눴다. 내담자의 여동생이 어머니를 나비에 비유해 '예쁘다'고 표현하자 고맙다며 딸을 안아 주었고, 아버지는 자녀들과 배우자가 자신을 사나운 맹수로 표현할 줄 몰랐다고 하였다. 아들이 아버지 앞에서는 한 마디도 하지 않는 등 자기표현이 적고 다소 위축된 모습을 보여 가족상담을 하게 되었다. 이 작업을 통해 가족은 서로 가족구성원들에게 비춰진 자신의 모습을 봄으로써 자신을 돌아보고 가족의 바람을 탐색하게 되었다.

5 받고 싶은 유산과 주고 싶은 유산

대상관계의 관점에서 볼 때, 인간은 쾌락이 아닌 관계를 추구하는 존재다. 주요 타인과의 관계는 자기표상과 대상표상을 형성하게 하고 이후 타인과의 관계의 틀을 형성되는 바탕이 되는데(Gomez, 2002), 초기의 주요 타인과의 관계가 심리적 유산이라고 할 수 있다. 한 성인 내담자는 어릴 때 자신의 어머니가 하는 잔소리가 너무나 듣기 싫었고 자신이 엄마가 되면 절대로 그렇게 하지 말아야지라고 생각하였는데, 지금 자녀에게 소리를 지를 때 문득 어머니의 모습이 떠오르고 똑같은 모습이라는 생각이 든다고 하였다. 투사적 동일시에 의해 내적인 대상관계를 현재에서 재연하는 것으로 자신에게 판단적인 대상표상을 투사하고 자녀에게 무기력한 자기표상을 투사하는 것으로 볼 수 있다. 이렇게 우리는 자신도 알게 모르게 현재 자녀나 남편 등 주변 사람들과의 관계를 부모님과의 관계와 유사하게 행동하고 있다.

1) 목 표

① 긍정적인 심리적 유산과 부정적인 심리적 유산을 탐색하고 바람직한 방향으로 변화를 모색한다.
② 자녀에게 물려주고 싶은 심리적 유산을 인식하고 실천 계획을 세우도록 한다.

2) 준비물

도화지 2장, 색연필, 사인펜 등 채색도구

3) 방 법

① 물려받은 유산에 대한 작업을 위해 자신이 부모님과 비슷하다고 생각되는 부분에 대해 탐색해 보도록 한다.

② 물려받은 유산에 대한 그림을 도화지의 왼편에 그린다.

③ 물려받았지만 버리고 싶은 유산에 대해 이야기를 나눈다.

④ 물려받았거나 물려받고 싶은 유산에 대해 도화지의 오른편에 그린다.

⑤ 물려받고 싶은 유산에 대해 이야기를 나눈다.

⑥ 자녀에게 물려주고 싶은 유산을 다른 도화지에 그린다.

⑦ 물려주고 싶은 유산에 대해 이야기를 나눈다.

4) 임상장면에서의 적용

① 이 기법의 주제는 심리적인 유산이지만 물질적인 유산에 대해서도 표현해 볼 수 있다.

② 물려받고 싶지 않은 것에 대해 표현할 때 내담자는 힘들어 할 수 있다. 부모에 대한 부정적인 표현이라고 생각하여 죄책감을 느낄 수도 있으므로 물려받은 유산이라고 생각되는 긍정적인 측면에 대한 작업 후에 물려받고 싶지 않은 또는 버리고 싶은 모습에 대해 표현하는 것이 효과적일 수 있다.

③ 그림, 특히 상징적인 표현에 대해 힘들어 할 경우 색으로만 표현해 보도록 할 수 있다.

④ 물려받고 싶은 유산과 물려주고 싶은 유산의 공통점과 차이점을 탐색해 본다.

5) 사 례

내담자는 40대의 성인 여성이다.

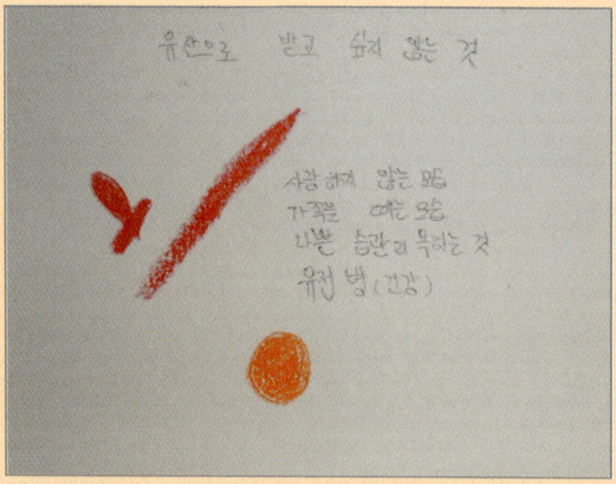

● 그림 3-6 ● 받고 싶지 않은 유산

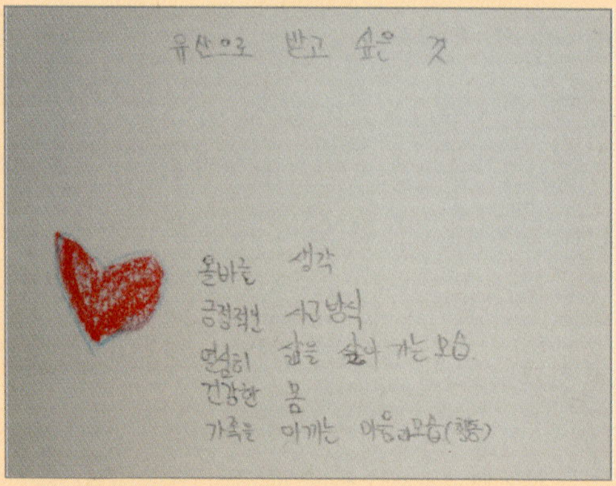

● 그림 3-7 ● 물려받고 싶은 유산

유산으로 받고 싶은 것은 올바른 생각, 긍정적인 사고방식, 열심히 사는 모습, 건강한 몸, 가족을 아끼는 마음이고, 잘하고 있는지 모르겠다고 하였다. 유산으로 받고 싶지 않은 것은 시댁으로부터의 유산으로 '사랑하지 않는 모습, 나쁜 습관, 욕하는 것, 유전병'이라 쓰고 붉은색의 칼과 주황색의 원으로 나타냈다. 유산으로 절대로 받고 싶지 않다는 강한 의지를 보였다. 작품과는 달리 대화에서는 유산으로 받고 싶지 않은 것은 부모님께서 시골에 사셔서 순수하셨지만 자식들이 공부하고 싶은데 안 시켜 주신 것이었다. 공부를 시켰으면 더 잘살 수 있을 텐데 하는 생각이 들어 부모로서 해 달라고 하는 것은 해 주고 싶다고 하였다. 남편은 시어머니께서 장사하고 집에 안 계셔서 '엄마는 애 보고 집안일하고 집에 있어야 한다'고 생각하는 것 같지만, 꼭 엄마가 집에 있다고 좋은 것만은 아니라고 생각하고 있었다(정은주, 최외선, 2006). 내담자는 딸의 집단따돌림으로 인하여 상담을 받게 되었는데 이 작업을 통해 부모와 자신, 자신과 자녀의 관계를 탐색하고 현재에 머물지 않고 변화를 시도하려는 의지를 인식하게 되었다.

6 가족 실루엣

우리는 가족에 대해 많은 것을 알고 있다고 생각하고 심지어 대화를 하지 않으려는 노력을 한다. 대화는 대화를 이끌어 가는 주체와 그 대화를 듣는 객체로 구분될 수 있다(김용태, 2005). 대화의 주체임을 부정할 때 또는 부정하도록 유인하게 될 때 역기능적인 대화가 된다. 이렇게 역기능적인 대화는 가족의 생각이나 마음을 듣기 전에 판단하고 결정하여 상처를 주거나 스트레스를 제공하기도 한다. 가족의 신체적 상태를 파악함으로써 가족의 스트레스를 이해하도록 돕고자 한다.

1) 목 표

① 가족구성원들에 대한 친밀감을 높인다.
② 자신과 가족의 신체에 대한 공감을 통해 서로를 이해한다.

2) 준비물

도화지, 색연필, 사인펜, 검정색 매직

3) 방 법

① 자신을 포함한 가족구성원의 실루엣(윤곽선)을 함께 그리도록 한다. 전신상을 그리도록 하고 매직을 이용해 진하게 그리도록 한다.
② 실루엣이 완성되면 각 가족구성원을 생각하면서 그들의 신체적 불편함이나 고통 부위에 색연필이나 사인펜으로 그려 보도록 한다.
③ 불편한 부분의 원인을 실루엣 밖에 적어 보도록 한다.
④ 자신을 포함한 다른 가족구성원에 대해서도 각각 작업을 한다.
⑤ 작업 후 나누기를 한다.

4) 임상장면에서의 적용

① 실루엣을 그리는 것에 대해 낯설어 하고 난감해 할 수 있으므로 치료자가 예시로 그려서 보여 줄 수 있다.

② 가족미술치료의 경우, 자신을 다른 종이에 표현하고 가족은 한 종이에 표현하도록 한 다음 각 가족구성원에 대해 퀴즈처럼 정답을 말하듯 설명하고 난 후 그 가족구성원의 이야기를 듣는 방식으로 진행하면 관심과 흥미를 높일 수 있다.

③ 가족의 신체에 대한 표현을 통해 서로 공감하고 이에 대한 마음을 나눈다.

5) 사 례

내담자는 초등학교 5학년 남학생이다.

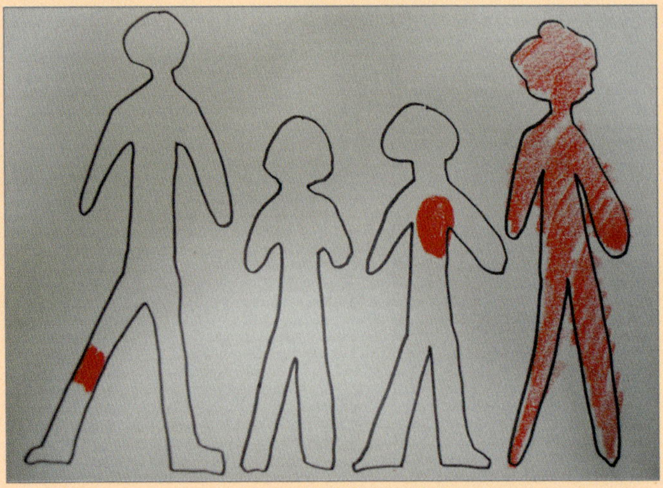

• 그림 3-8 • 아들의 가족 실루엣

● 그림 3-9 ● 어머니의 가족 실루엣

내담자는 자신의 가슴 부위에 색을 칠해 마음이 아프며, 특히 함께 작업하는 어머니에 대해 자신 때문에 아프지 않은 곳이 없을 거라며 어머니의 실루엣 안을 모두 빨간색으로 색칠하였다. 어머니는 나누기를 통해 아들에게 고맙기도 하고 미안하기도 하다고 하였다. 어머니 역시 자신의 그림에 아들의 심리적, 육체적 고통에 대한 작업과 언어적 표현으로 내담자를 이해하려는 노력을 보였고 이에 내담자 역시 위로가 된 것으로 보였다. 내담자는 어떤 것에도 흥미를 보이지 않는 등 무기력한 모습을 보여 어머니가 상담을 의뢰하였다. 이 작업을 통해 어머니와 아들은 서로의 마음을 이해하고 공감함으로써 위로가 되었다.

7 함께 그리는 초상화

Satir는 가족치료자로서 가족의 의사소통을 명확히 하도록 행동하며 가족의 시각을 단순히 과거 일에 대한 불만에 가득 찬 존재가 아니라 문제해결 능력을 가진 존재로 보았으며, 그들의 긍정적 의도를 찾아내어 확대시킴으로써 가족이 서로 다정해지도록 도왔다(김유숙, 2008). 가족의 의사소통을 기존의 방식에서 새로운 방식으로 변화시키는 과정은 가족 '의도성'의 변화라고 할 수 있다. 의도성이란 내가 보고 있는 것에 열중하는 것이다(공마리아 외, 2006). 미술적 관점에서 의도성은 대상을 관찰하고 표현하는 것이라 할 수 있다.

1) 목 표

① 가족의 의사소통과 상호작용을 촉진시킨다.
② 의도성과 감각적 능력을 계발한다.

2) 준비물

4B 연필, 사인펜, 색연필, 4절지, 의자, 이젤

3) 방 법

① 가족이 의논하여 모델을 결정한다.
② 모델은 가족구성원의 정면에 위치를 정해 앉는다.
③ 나머지 가족들은 모델이 된 가족구성원을 잘 관찰한다.
④ 화가가 될 순서를 정한다.
⑤ 첫 번째 화가는 도화지에 가족을 그리기 시작하고 나머지 가족은 모델과 화가의 그림을 잘 관찰한다.
⑥ 모델이 시간을 정하여 '그만' 하면 다음 화가가 앞 화가의 그림을 받아서 이어 그림을 그린다.

⑦ 화가들이 만족할 때까지 계속 순환적으로 그림을 그린다.

⑧ 완성이 되면 작품에 대해 제목을 붙이고 이야기를 나눈다.

4) 임상장면에서의 적용

① 집단치료에서도 적용이 가능하다. 이때 모델은 집단구성원이 의논하여 선정할 수 있다. 모델은 직접적인 모델이 아닌 사진으로 대용이 가능하다.

② 가족 상담에서는 모델이 되는 가족구성원은 관심의 대상이 되어 의도성을 체험하게 된다. 이러한 태도는 의사소통에도 영향을 미쳐 상대를 이해하도록 노력하는 계기가 된다.

③ 모델이 된 소감, 화가가 된 소감, 어느 쪽이 더 마음에 들었는지 이야기를 나눈다.

④ 실생활과 비교하여 이야기를 나눈다.

5) 사 례

내담자는 초등학교 5학년 여학생이다.

• 그림 3-10 • 함께 그리는 초상화

가족은 모델로 아버지를 결정하였다. 아버지는 자신이 모델이 되고 가족이 돌아가며 자신을 그리는 것을 즐거워하였으며 가족별로 그릴 시간을 임의로 정해 주었다. 어머니가 아버지의 얼굴 윤곽을 그렸고, 누나가 눈썹을, 내담자가 눈을 여동생이 귀와 코를 그렸다. 여동생은 다른 가족보다 많이 그리려고 아버지에게 시간을 더 달라 보채기까지 하였다. 가족이 함께 그린 모습에 아버지는 만족해 하며 즐거워하였다. 순서를 바꿔 어머니가 모델이 되고 동일한 방법으로 그렸으며, 자녀들도 모델이 되었다. 내담자는 소극적이고 자기표현을 거의 하지 않았으며 학교생활에서도 자기가 학교에 결석해도 아무도 모를 것이라는 말에 상담을 하게 되었다. 이 작업을 통해 가족이 모두 자신을 바라보고 있는 것이 행복한 일이며 의사소통과 상호작용의 중요성을 인식하게 되었다.

8 자주 하는 말과 듣고 싶은 말

우리는 자기 얘기를 너무 중요하게 여기기 때문에 어떤 이야기를 할 때 상대가 귀 기울여 들어 주기를 바란다(小池 龍之介, 2010). 하지만 듣는 사람은 중요하지도 않다고 판단되는 이야기에 관심을 기울이지 않는다. 듣고 싶은 말은 따로 있다. 말하는 이도 자기의 이야기를 들어 주지 않으니 같은 이야기를 다른 시기에 또는 다른 이에게 반복하게 된다. 진정으로 우리는 무엇을 말하고자 하며, 듣고 싶어 하는 것일까?

1) 목 표

① 자주 하는 말 속에 숨어 있는 의식적, 무의식적 욕구를 탐색한다.
② 중요한 타인으로부터 듣고 싶은 말을 인식한다.

2) 준비물

도화지, 색연필, 사인펜

3) 방 법

① 도화지에 양손의 윤곽선을 색연필로 그린다.
② 오른손의 안쪽에 엄마가 자기에게 자주 하는 말을 적는다.
③ 왼손의 안쪽에는 자기가 엄마에게 자주 한다고 생각하는 말을 적는다.
④ 오른손의 바깥쪽에 엄마에게 듣고 싶은 말을 적는다.
⑤ 나누기를 한다.

4) 임상장면에서의 적용

① 가족과 함께 할 경우 한 손은 엄마, 한 손은 아빠가 자주 하는 말을 쓰고 듣고 싶은 말을 바깥쪽(손가락 끝)에 쓴다.

② 손가락에는 그 사람의 장점을 적고 손 안쪽에 듣고 싶은 말을 적는다.

③ 자주 하는 말, 자주 듣는 말에 대한 느낌, 생각에 대해 탐색해 본다. 짜증, 화 등 부정적인 감정이 생길 때 나-메시지를 통해 감정을 표현하도록 돕는다.

④ 가족이나 부부, 커플이 작업할 때 서로의 손을 그려 줌으로써 친밀감을 경험할 수 있다.

5) 사 례

내담자는 30대 중반의 여성이다.

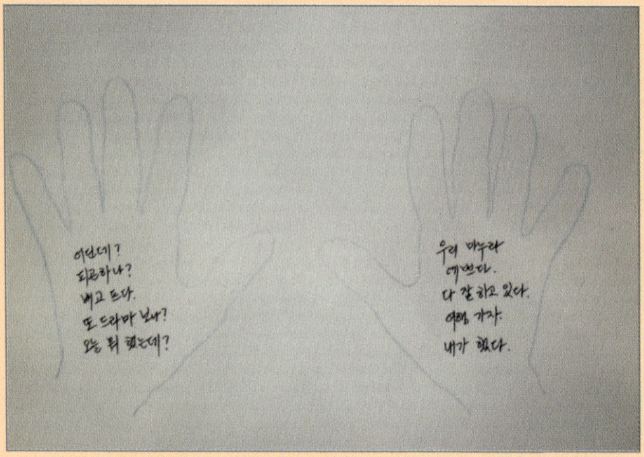

• 그림 3-11 • 자주 하는 말과 듣고 싶은 말

남편이 자주 하는 말은 직장에 있는지 집에 있는지 묻는 말인데 어딘데라는 것이고 오늘 뭐했냐고 전화로 묻는다고 한다. 그 대답은 늘 똑같다고 하였다. 집이나 직장이고 같은 일이니 새로운 내용이 없다고 하였다. 본인이 늦게 오면 피곤하냐고 묻고 남편이 늦게 오면 배고프다는 말을 자주 한다고 하였다. 또 내담자가 드라마를 좋아해서 자주 보고 있으면 또 드라마를 보느냐고 묻는데 자꾸 물어서 짜증이 난다고 하였다. 남편에게 듣고 싶은 말은 우리 마누라 예쁘다는 것이고 다 잘하고 있다고 칭찬해 주면 좋겠다고 하였다. 그리고 여행도 가자고 말하면 좋겠고 집안일을 남편이 하고 남편이 했다고 말해 주면 좋겠다고 하였다. 내담자는 항상 똑같은 직장생활과 집안일로 지쳐 있었다. 이 작업을 통해 자신의 욕구와 바람을 인식할 수 있었고 남편이 바라는 것은 무엇일지도 탐색하게 되었다.

9 힘이 되는 것과 힘들게 하는 것

내담자에게 인생에서 가장 행복한 순간을 찾아보도록 할 때 행복의 감정을 경험하게 되며 인간은 창조적 해결책과 재생력을 갖는다(백영훈, 2011). 행복했던 순간은 힘이 되어 삶을 생산적으로 건강하게 살아갈 수 있도록 돕는다. 반면 불행하다고 느끼는 경험들, 자신과 타인의 나약하게 보이는 것은 자기를 힘들게 하며 부정적인 시각을 형성하게 되어 좌절되고 부정적인 경험을 초래하게 된다.

1) 목 표

① 지지가 되는 것과 그 반대의 표현을 분명하게 인식한다.
② 삶에서 긍정적이고 유익한 선택을 하고 실천의지를 가지도록 한다.

2) 준비물

도화지, 색연필, 사인펜

3) 방 법

① 자신을 제외한 나머지 가족들의 모습을 그리도록 한다. 이때 가족의 모습을 그리는 데는 정해진 규칙이 없으므로 자유로운 표현이 가능하도록 돕는다.
② 그림을 완성한 후 각 가족구성원이 자신에게 힘이 되는 것과 힘들게 하는 것이 무엇인지를 생각해 보도록 한다.
③ 힘이 되는 것과 힘들게 하는 것을 각각의 가족구성원 주위에 그림이나 글로 표현해 보도록 한다.
④ 완성 후 이야기를 나눈다.

4) 임상장면에서의 적용

① 다양한 매체를 활용하여 상징적인 표현을 할 수 있도록 안내할 수 있다.
② 가족치료 작업에서 서로에게 힘이 되는 부분은 강화하고 서로를 힘들게 하는 부분은 제거하며 대안적 방법을 탐색할 수 있도록 한다.
③ 서로에게 힘이 되는 것, 특히 부모들에게 자녀들의 존재 자체가 힘이 된다는 것을 인식할 수 있도록 도와 긍정적인 시각을 갖도록 한다.

5) 사 례

내담자는 중학교 3학년 남학생과 가족이다.

• 그림 3-12 • 아들의 힘이 되는 것과 힘들게 하는 것

● 그림 3-13 ● 어머니의 힘이 되는 것과 힘들게 하는 것

● 그림 3-14 ● 아버지의 힘이 되는 것과 힘들게 하는 것

내담자는 부모의 지나친 기대와 자신의 의견이 받아들여지지 않는 것 때문에 무시당한다고 느끼고 누나와의 비교가 자신을 힘들게 하며, 과도한 간섭과 학업에 관련된 이야기, 자신에게 관심 없음, 누나의 이유 없는 짜증과 자신을 가르치려 드는 태도가 자신을 힘들게 한다고 하였다. 반면 그러면서도 자랑스러운 누나, 언제나 가족여행 등을 통해 세상을 바라볼 기회를 주려는 아버지, 때론 간섭이지만 걱정과 사랑이 느껴지는 어머니의 태도 등은 자신에게 힘이 된다고 하였다. 아버지는 내담자에 대해 든든하고 재능있지만 힘드는 것은 산만하고 현실감이 부족하다고 표현하였다. 어머니는 내담자가 아버지와 함께 집안 행사에 잘 참여해 줄 때 힘이 나고 해야 할 일을 미루고 현재의 상황을 인식하지 못하는 점에 힘이 든다고 표현하였다. 내담자가 매사에 부정적이고 친구 관계가 원만하지 않고 무기력하여 상담을 의뢰하였다. 이 작업을 통해 가족구성원이 서로에게 힘이 되는 것은 가족의 존재 자체라는 것을 인식하고 서로에게 힘들게 하는 것을 인식하고 변화를 모색하게 되었다.

⑩ 색채 앨범

앨범(Album)은 '모음집' 이라는 의미를 지녔으며(위키백과, 2012), 사진을 붙여 정리하고 보존하기 위한 책이다(다음 어학사전, 2012). 그래서 앨범 속에는 태어나서 지금까지의 자신의 모습이 기록되어 있다. 색채앨범이란 사진처럼 태어나서 현재까지 자기의 사고, 행동, 감정 그리고 관계를 색으로 표현하는 것을 의미한다.

1) 목 표

색채로 어린 시절, 10대, 20대, 30대, 40대 등을 표현해 봄으로써 그때의 사고, 행동, 감정, 관계를 탐색한다.

2) 준비물

색채앨범 Sheet, 물감, 팔레트, 붓, 물통

3) 방 법

① 색채앨범 Sheet에 태어나서 초등학교에 들어가기 전인 어린 시절 나의 색, 엄마에 대한 추억, 아빠에 대한 추억, 기뻤을 때, 슬펐을 때를 색으로 표현해 보도록 한다.
② 10대의 나의 색, 가족의 색, 기뻤을 때, 슬펐을 때, 친구와의 관계를 표현해 본다.
③ 20대의 기뻤을 때, 괴로웠을 때, 친구(연인)와의 관계, 일을 색으로 표현하면, 인상에 남는 일을 색으로 표현해 본다.
④ 이렇게 자기의 현재 나이 세대까지 작업을 한다.
⑤ 이야기를 나눈다.

4) 임상장면에서의 적용

① 30대, 40대는 일이나 가정에서 기뻤을 때, 슬펐을 때, 친구(연인)와의 관계, 자신이 중요하게 여기는 것을 표현해 본다.

② 각 Sheet마다 비어 있는 주제는 내담자가 선택하여 작업하도록 한다.

③ 작업이 끝나면 작품 모두를 전시하고 한 세대씩 나누기를 한 후 세대별 차이점과 공통점에 대해서 탐색하도록 한다.

④ 집단의 작업에서는 각 세대별로 작업하고 이야기를 나누도록 한다.

5) 사 례

내담자는 30대 초반의 여성이다.

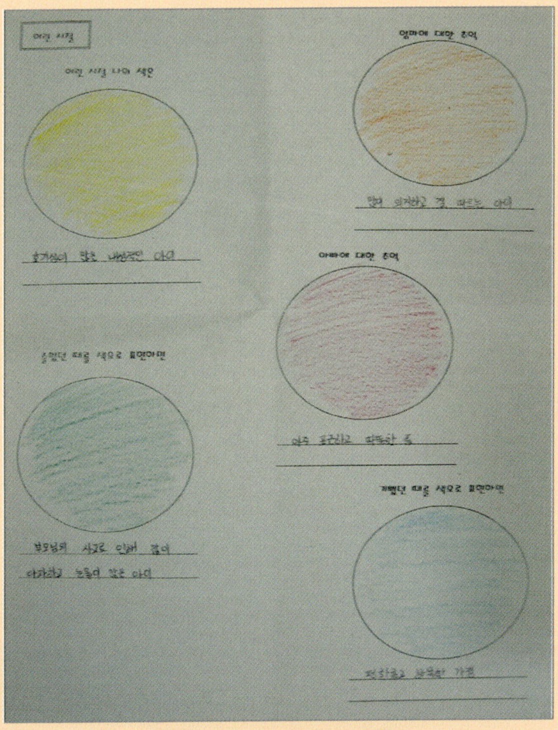

● 그림 3-15 ● 색채 앨범

내담자는 어린 시절, 자신의 색을 노란색으로 표현하였다. 그 시절 자신은 호기심이 많은 내성적인 아이라고 썼다. 곤충들을 잡아서 날개를 뜯어낸다든지 구워 보기도 하는 등 호기심이 많았으나 밖에 나가서는 그러한 호기심을 펼치지 못했고 얌전한 편이었다고 하였다. 어머니에 대한 추억을 주황색으로 표현하였다. 어머니에 대해 많이 의지하고 잘 따르는 아이였다고 썼다. 그 당시 어머니는 시장에서 장사를 하셨고 가끔 따라가서 사탕을 사먹거나 돈을 얻어 놀이기구를 타고 놀기도 했고 심부름도 하였다. 아버지에 대한 추억을 분홍색으로 표현하였다. 아버지에 대해 아주 포근하고 따뜻한 품이라 썼다. 유치원에서 소풍을 갈 때도 어머니는 시장일 때문에 바쁘셔서 아버지께서 같이 가 주셨다고 하였다. 슬펐던 때를 밝은 청록색으로 표현하였다. 부모님의 사고로 인해 많이 아파하였고 눈물이 많은 아이였다고 자신을 회상하였다. 기뻤던 때를 하늘색으로 표현하였다. 아버지, 어머니, 언니와 함께 놀러 갔었던 기억이 있다. 그때 행복했었다. 평화롭고 화목한 가정이라고 회상하였다. 내담자는 이혼으로 힘든 상황 속에서 자녀 양육에 대한 부담감과 경제적 부담으로 우울해져 있었다. 이 작업을 통해 어린 시절의 사고, 행동, 감정을 회상하고 삶의 긍정적 에너지를 얻게 되었다.

11 자기 소개

집단상담의 목표가 설정되면 집단구성원을 선정한다. 집단상담을 시작할 때 내담자들을 적극적으로 참여시키는 노력이 매우 중요하다. 개별면담을 통해 비현실적인 기대와 불안을 줄이고 적극적인 자세로 참여하도록 준비시키는 것이 좋다(이장호, 김정희, 2003). 치료자의 지지와 격려로 자기표현의 기회를 갖게 되는데, 첫 활동이라 할 수 있는 것이 집단 내에서 자기를 소개하는 것이다.

1) 목 표

① 자기 소개를 통해 자기를 탐색하고 자기표현의 기회를 가진다.
② 집단원들과 친밀감을 형성한다.

2) 준비물

도화지, 색연필, 사인펜

3) 방 법

① 도화지에 검은색 사인펜으로 테두리를 그은 후 9분할한다.
② 위에서부터 순서대로 질문을 하고 질문에 대한 자신의 생각을 그림으로 그리도록 한다.
③ 아홉 가지 질문은 다음과 같다.
- 좋아하는 색깔은?
- 좋아하는 음식은?
- 가족은 누구누구인가?
- 자신과 가장 닮은 동물은?
- 하루 중 가장 행복한 시간은?

- 최근 가장 기뻤던 일은?
- 가장 하고 싶은 일은?
- 요즘 즐겨 부르는 노래는?
- 자신이 가장 아끼는 물건은?

④ 작업이 끝나면 그림을 모아서 섞은 다음 다시 한 작품씩 집단원들에게 나누어 준다.

⑤ 그림을 받으면 자유롭게 그림의 내용을 소개한다.

⑥ 집단원들은 내용을 잘 듣고 누구인지 맞혀 본다.

⑦ 그 집단원은 추가하여 자기에 대해 설명하고 싶은 것을 말한다.

⑧ 그 집단원이 자신이 가진 그림을 소개한다.

4) 임상장면에서의 적용

① 그림으로 표현하기 어려울 때는 글로 써도 괜찮지만 가능하면 그림으로 표현하도록 격려한다.

② 집단원들에게 그림을 나누어 줄 때 가능하면 본인의 그림이 자신에게 가지 않도록 한다.

③ 그림에 대해 소개할 때는 잘 이해가 가지 않는 그림이라도 모르겠다고 하고 넘어가지 않고 그 집단원의 마음을 생각하며 해석하여 소개하도록 한다.

④ 내담자는 소개하면서 중요하게 느껴졌던 부분이 있는지, 빠진 부분이 있는지 탐색해 볼 수 있다.

5) 사 례

내담자는 40대 중반의 가정주부다.

● 그림 3-16 ● 자기 소개

마주 보고 앉아 있던 집단원이 내담자의 작품을 소개하였다. 좋아하는 색과 음식은 노란색과 딸기이고 가족은 남편과 아들이 있는 것 같다고 하였고, 동물에 대해 소개할 때 어떤 동물인지 잘 모르겠지만 고양이인 것 같다고 하였다. TV 보는 시간이 가장 편안한 시간이고 기뻤던 일은 해외여행을 간 것이고 하고 싶은 일은 자는 것이라고 하였고 노래는 K-POP을 부르고 소중한 것은 책이라고 소개하였다. 집단원들이 다른 집단원을 가리키고 아니라고 한 후 자기를 가리키자 웃으며 맞다고 하였다. 동물은 고양이가 맞다고 하였다. 평소에는 혼자 잘 노는데 화가 날 때는 사자 같다고 하였다. 그리고 하고 싶은 일은 잠자는 것이 아니고 요가라고 하였다. 그리고 자신의 이름, 나이, 사는 곳 등에 대해 소개하였다. 이 작업을 통해 평소 가정주부로서 타인에게 자기를 소개할 기회가 잘 없는데 자신에 대해 생각해 보고 표현하는 기회가 되었고 타인이 자기를 소개해 주어 친밀감을 형성할 수 있었다.

12 Starter Sheet

임상장면에서 내담자로부터 첫 면담에서 자주 듣게 되는 이야기 중의 하나가 그림을 잘 못 그린다는 것이다. 이렇게 그림을 그리는 것에 대해 부담감을 느끼게 될 경우 그림 그리기를 자극하고 촉진하기 위해 자극 그림을 붙여 주고 작업을 할 수 있도록 도울 수 있다. 도화지에 치료자가 직접 잡지에 있는 얼굴 사진을 오려 붙여 주거나 그려 준다(최외선, 이근매, 김갑숙, 최선남, 이미옥, 2006).

1) 목 표

미술작업에 대한 저항, 부담감을 감소시키고 투사를 자극한다.

2) 준비물

도화지, 잡지, 가위, 풀, 색연필, 사인펜, 파스텔, 매직, 마커

3) 방 법

① 잡지에서 부분을 골라 도화지에 오려 붙이도록 한다.
② 집단원들은 콜라주 자극 그림을 테이블 위에 올려 두고 집단원이 만든 그림 중에서 선택한다.
③ 콜라주 자극 그림에 더하여 원하는 대로 그림을 그린다.
④ 제목을 붙이고 이야기를 나눈다.

4) 임상장면에서의 적용

① 개인치료 시 치료자가 자극 그림을 선택할 경우 내담자를 고려하여 선택한다. 몇 가지 자극 그림을 제시하고 내담자가 선택하게 할 수 있다.

② 내담자가 자극 그림을 선택하고 표현할 수 있다.

③ 처음 부분을 붙였을 때는 어떤 의도였는지 이야기를 나누고 집단원에 의해 어떻게 표현되었는지에 대해 탐색해 볼 수 있다.

④ 발테그 묘화법의 자극도나 난화 게임 등의 기초선을 선택하여 표현할 수 있다.

5) 사 례

내담자는 20대 성인 여성이다.

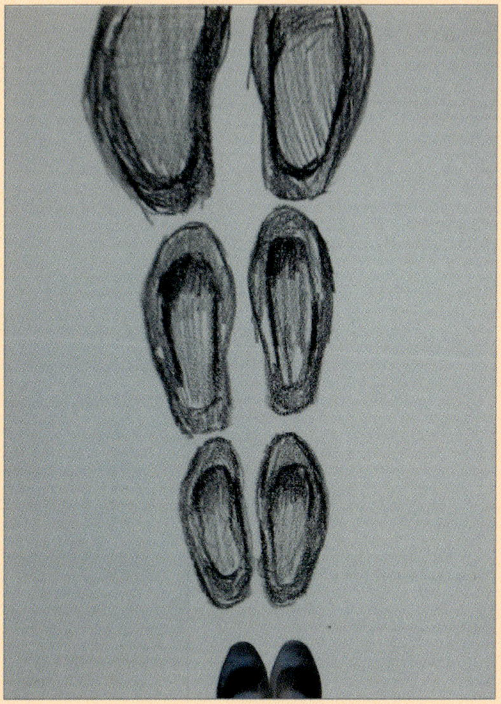

• 그림 3-17 • Starter Sheet

집단원들이 그림들을 모두 테이블 위에 올려 두고 자기 그림이 아닌 다른 그림을 선택하였다. 이 그림을 보자마자 선택한 집단원은 그 위에 걸어가고 있는 더 커지는 고무신을 그려 넣었다. 적극적이고 열심히 살겠다는 의미로 크게 그렸다고 하였다. 하고 싶은 일이 많고 열심히 공부를 하고 있는 집단원의 성취하고자 하는 마음이 그대로 표현되었다. 실제 내담자는 목표가 뚜렷하고 성취하고자 하는 의지가 강하여 타 지역으로 다니며 열심히 공부하고 있었지만, 이를 집단원들에게 드러내지는 않았었다. 이 작업을 통해 자신의 마음을 저항감 없이 집단원들에게 표현하는 계기가 되었다.

⑬ 난화 벽화

Naumburg는 난화를 그리도록 하였는데 이는 치료에서 무의식적인 이미지를 방출시켜 자유연상을 촉진하는 방법이라고 생각하였다. 영국의 소아과 의사인 Winnicott은 어린이에게 사용하기 위해 스퀴글 게임이라고 불리는 유사한 방법을 고안해 냈다(Malchiodi, 1998b). 이를 통해 아동들이 가진 문제나 갈등을 위협적이지 않은 방법으로 표현할 수 있도록 하였다. 난화 벽화는 난화나 스퀴글 게임을 응용한 방법으로 난화 하나하나가 작품이 되기도 하고 전체가 하나의 작품이 되기도 한다.

1) 목 표

① 집단원 개개인의 문제나 갈등을 표현한다.
② 서로의 의사소통 증진과 친밀감을 형성한다.

2) 준비물

A4 용지, 색연필, 사인펜, 투명 테이프

3) 방 법

① A4 용지에 테두리를 그리고 다양한 난화(네모, 직선, 물결, 원, 지그재그 등)를 그려 집단원들에게 나누어 준다.
② 집단원들은 난화를 이용해 그림을 완성한다.
③ 집단원들은 원하는 만큼 난화를 이용해 그림을 그린다.
④ 집단원들이 완성한 그림을 벽에 자유롭게 붙인다.
⑤ 벽에 붙은 그림들을 이용해 이야기를 만들어 나간다.

4) 임상장면에서의 적용

① 집단원들에게 난화를 직접 그려 보도록 하고 난화를 서로 교환하여 그림을 완성해 보도록 하면 긍정적 상호작용에 효과적이다.

② 난화를 활용한 그림을 있는 그대로 존중하고 수용하며, 가용한 범위 안에서 지속적으로 난화를 제공하는 태도를 치료자가 가진다면 집단의 특성에 따라 다양한 효과를 기대할 수 있다.

③ 이야기를 만드는 방법은 다양하게 접근할 수 있다. 개인별로 4개의 그림을 선택해 이야기를 만들어 보거나 게임처럼 한 사람이 1개의 그림을 이용해 이야기를 만들고 다음 사람이 다른 그림을 선택해 이야기를 이어 나가도 된다.

5) 사 례

내담자는 초등학교 5학년 남녀아동 10명이다.

• 그림 3-18 • 난화 벽화

집단원 중 2명이 작업에 참여하여 짧은 시간 그림을 완성하고 완성된 그림을 보여 주며 설명하였고 한쪽 벽에 완성된 그림을 붙였다. 한 집단원은 아이들이 언덕을 걷다가 뱀을 만났다고 이야기를 만들었고, 다른 집단원은 고래가 하나님에게 기도하여 사람이 되고 싶어 한다고 이야기를 만들었다. 그들은 더 그리기를 원하여 원하는 만큼 난화를 제공하였다. 이를 보고 있던 다른 집단원들도 작업을 시작하였다. 한 집단원은 난화 제작을 도와주고 싶어 하여 여러 팀으로 나누어 활동하였다. 테두리를 그려 주는 그룹, 난화를 제작하는 그룹, 난화를 이용해 그림을 그리는 그룹, 완성된 그림을 벽에 붙이는 그룹으로 나누어 활동하였다. 아동들은 자주 다투고 갈등이 심하였으며 협동작업의 어려움을 호소하는 집단이었다. 이 작업을 통해 난화에 자신의 마음을 투사하여 저항감 없이 표현하였고 아동들은 선택한 자기 역할에 집중함으로써 서로를 돕는 즐거움을 경험하였다.

⑭ 집단 콜라주

콜라주는 프랑스어로 'Coller' 라고 하는데 '풀로 붙인다.' 라는 뜻으로 주변에서 쉽게 구할 수 있는 재료를 이용하여 찢거나 오리고 잘라서 종이 등에 구성하여 붙여 하나의 작품으로 완성하는 방식을 말한다(최외선, 김갑숙, 최선남, 이미옥, 2006). 콜라주의 특징은 언어표현보다 구체적이고 상징적 표현이 가능하여 다양한 해석을 이끌어 낼 수 있으며, 방법이 간단하여 다양한 연령층에 적용이 용이하다는 것이다. 또한 시행방법에 따라 상호작용을 촉진하고 의사소통을 개선시킬 수 있다.

1) 목 표

① 집단 콜라주 활동을 통해 집단 내에서 자신의 사고, 행동, 감정을 탐색한다.
② 집단원들 간의 상호작용을 촉진시키고 새로운 의사소통 방법을 선택한다.

2) 준비물

전지(4명당 1장), 잡지, 가위, 풀, 색연필, 사인펜

3) 방 법

① 집단구성원들이 의논하여 주제를 정하도록 한다. '5년 후 우리의 모습' 이라든지, '우리의 바람' 등 집단에 따라 주제를 제시할 수 있다.
② 주제가 정해지면 잡지에서 그림, 사진, 글을 선택하여 오리거나 찢어서 붙이도록 한다.
③ 작업을 하는 동안 치료자는 집단원의 행동을 관찰한다.
④ 작업이 끝나면 제목을 붙이고 서로가 붙인 그림이나 사진에 대해 이야기를 한다.

⑤ 연상되는 내용에 대해서도 이야기를 통해 자신을 이해할 수 있도록 안내한다.

4) 임상장면에서의 적용

① 치료자는 집단원들이 의논하는 모습을 관찰하고 피드백해 줄 수 있다. 의논하는 태도에서 적극성의 정도와 의견이 수용되는 과정에서의 표정, 주제와 집단원들과의 관계 정도 등을 파악하고 안내하도록 한다.

② 다음의 항목에 유의하며 관찰할 수 있다(최외선, 김갑숙, 최선남, 이미옥, 2006).

- 누구의 아이디어가 선택되었으며 누구의 아이디어가 거절되었는가? 그들의 표정은 어떠한가?
- 누가 먼저 시작을 하며, 처음 시작하도록 이끈 사람은 누구인가? 어떤 순서로 참가하고 있는가?
- 각자의 개입 정도는 어떠한가? 참여하지 않는 사람은 누구인가?
- 집단원들은 교대로 작업하는가? 교대로 작업하지 않는가?
- 각자의 위치는 어떠하며 작업 공간은 얼마나 차지하고 있는가?
- 작업하는 표정들은 어떠한가?
- 협동적인가? 개별적인가? 비협동적인가?

③ 관찰된 내용은 전체적 분석, 형식적 분석, 내용 분석을 할 수 있다(이근매, 아오키 도모코, 2010).

- 전체적 분석: 작업하는 태도, 작품의 전체적 인상을 중시하고 조화를 이루고 있는가, 도화지를 균형 있게 사용했는가를 본다.
- 형식적 분석: 조각 수, 여백, 종이 바깥으로 벗어난 모습, 뒷면 사용, 중첩, 자른 방법, 문자, 무채색 사진의 사용, 공간 배치, 종이 배치 등을 통해 에너지가 많은지, 외향적인지 혹은 내향적인지 탐색할 수 있다.
- 내용적 분석: 내담자의 선호와 관심사를 파악할 수 있으며, 연령과 현재 상황에 적절한 표현인지도 함께 분석할 수 있다.

5) 사 례

내담자는 성인 여성 집단원들이다.

• 그림 3-19 • 집단 콜라주

• 그림 3-20 • 집단 콜라주

과제가 주어졌을 때 작업을 하는 모습에서 서로 내용과 방법에 대해 의논하는 모습을 보였으며 사진을 붙일 때 자신의 시각이 아닌 마주 앉은 집단원의 시각에서 붙이는 등 배려하는 모습을 볼 수 있었다. 제목은 '우리의 미래' '새로운 출발'이라고 각각 정하였다. 왼쪽 그림은 모두 원하는 대로 되어서 기쁘게 웃을 것이고 행복할 것이며 삶의 퍼즐이 맞춰지는 것처럼 완성을 위해 한 걸음 다가가는 느낌이 들 것이라고 하였다. 오른쪽 그림은 졸업식처럼 모두들 축하받는 모습일 것이고 좀 더 여유가 생겨서 여행도 가게 될 것이라고 하였다.

⑮ 집단 퍼즐

퍼즐이란 어려운 문제나 깊이 생각하게 만드는 문제로 아인슈타인의 퍼즐 등 여러 종류가 있다(위키백과, 2012). 유아, 아동을 위한 대표적인 퍼즐은 그림퍼즐로 조각들을 가지고 전체그림을 맞춰 가는 놀이다. 시각적 감각능력과 전체를 보는 안목을 키울 수 있는 활동이며, 집단 퍼즐 작업을 할 경우 자신의 작업이 전체 속에서 어떠한 모습으로 보이는지에 대해 탐색하는 계기가 된다.

1) 목 표

① 부분이 모여 전체가 된다는 인식을 통해 전체를 보는 안목을 높인다.
② 부분의 중요성에 대해 인식하는 기회가 된다.

2) 준비물

2절 도화지, 크레파스, 색연필, 가위

3) 방 법

① 집단을 두 팀으로 나눈다.
② 각 팀에서 도화지에 동물, 과일, 캐릭터, 다양한 무늬 등의 밑그림을 그리도록 한다. 다른 팀이 그림을 볼 수 없도록 한다.
③ 그려진 밑그림 내부에 선을 그어 부분으로 나눈다.
④ 전체와 부분을 가위로 오린다.
⑤ 조각들을 상대 팀에게 준다.
⑥ 조각들을 하나씩 받아서 자유롭게 그림을 그리고 색칠한다.
⑦ 색칠이 완성되면 조각을 맞춰 전체 그림을 완성한다.
⑧ 완성된 그림으로 이야기를 만든다.

4) 임상장면에서의 적용

① 한 집단이나 가족 전체가 작업할 경우 치료자가 그림을 그리고 조각으로 나눈다.

② 인원수와 관계없이 조각을 많이 내어 전체 모양을 예상하기 어렵게 하거나 퍼즐 맞추기의 난이도를 조절한다면 흥미가 높아질 수 있다.

③ 집단이나 가족에게 바라는 것, 하고 싶은 일 등 조각에 다양한 주제를 제시하여 작업을 할 수 있다.

5) 사 례

내담자는 초등학교 6학년 남녀 학생들이다.

● 그림 3-21 ● 집단 퍼즐 작업 전

● 그림 3-22 ● 집단 퍼즐 작업 후

남학생들은 낙서나 장난처럼 하기 싫은 표현을 그대로 하였다. 하지만 그림이 완성되고 조각을 맞춰 나가면서 자신들의 그림이 다른 그림들과 어울려 완성도 높은 또 다른 하나의 그림을 이루자 신기하다거나 예쁘다는 반응을 보였다. 집을 그린 여학생은 이런 조용한 곳에서 가족들과 함께 살고 싶다고 하였으며, 꽃을 그린 여학생은 꽃을 보면 기분이 좋다고 하였다. 남학생 한 명은 물고기를 그리고 자유롭게 헤엄치고 싶어 한다고 하였다. 파란색으로 낙서하듯 색칠한 남학생은 아무것도 아니라고 말하였고, 무지개 색을 칠한 남학생도 그냥 했다고 말하였다. 사람을 그린 여학생은 어릴 때 본 보라돌이가 생각나서 그렸다고 하였다. 상징적인 표현을 한 여학생들에 비해 남학생들은 대체로 낙서하듯 작업하였으며 내용에 대해서는 방어적인 태도를 보였다. 작업과정에서는 공격적이거나 방어적인 태도를 보였지만, 완성된 작품을 통해 협동이나 공존에 대해 새로운 시각으로 바라보는 계기가 되었다.

16 그림 엽서

엽서(葉書)는 네모 모양으로 생긴 굵은 종이 조각이나 얇은 카드판이며 봉투 없이 글을 써서 편지를 보내기 위하여 고안된 것이다(위키백과, 2012). 기쁜 일, 슬픈 일 또는 위급한 일에 대한 소식을 전하기도 하고 누군가를 초대하기 위해 엽서를 쓰기도 한다. 또 감사의 인사를 위해, 축하하기 위해 엽서 위에 글을 쓴다. 편지와 달리 작은 크기로 인해 함축적이면서 상징적인 의미를 담게 된다.

1) 목 표

① 타인에 대해 공감하거나 배려하는 마음에 대해 비언어적, 언어적 표현을 한다.
② 자기의 감정이나 경험을 중요 타인에게 표현한다.

2) 준비물

도화지, 색연필, 사인펜, 파스텔, 물감, 붓, 팔레트, 물통

3) 방 법

① 도화지를 엽서 크기로 자른다.
② 쪽지에 각자 자신의 이름을 쓰고 모은다.
③ 집단원의 이름을 적은 쪽지를 뽑는다.
④ 받을 사람에 대해 생각해 보고 그림으로 표현한다.
⑤ 기성품의 엽서를 참고로 뒷면에 우표 붙이는 곳, 우편번호 쓰는 난 등을 그린다.
⑥ 엽서를 써서 치료자에게 주면 치료자가 우편 배달부가 되어 전달한다.
⑦ 엽서를 읽고 이야기를 나눈다.

4) 임상장면에서의 적용

① 개인 치료의 경우 엽서를 보내고 싶은 사람에 대해 생각해 보고 작업한다.
② 10년 후 등 미래의 모습에 대해 탐색하고 난 후 그에 대해 축하하는 그림 엽서 작업을 할 수 있다.
③ 스티커 등 다양한 콜라주 매체를 활용하여 작업할 수 있도록 준비한다.
④ 그림으로만 작업할 때는 상징적인 표현을 통해 개인의 무의식적 욕구를 이해할 수 있도록 한다.

5) 사 례

내담자는 중학교 2학년 여학생이다.

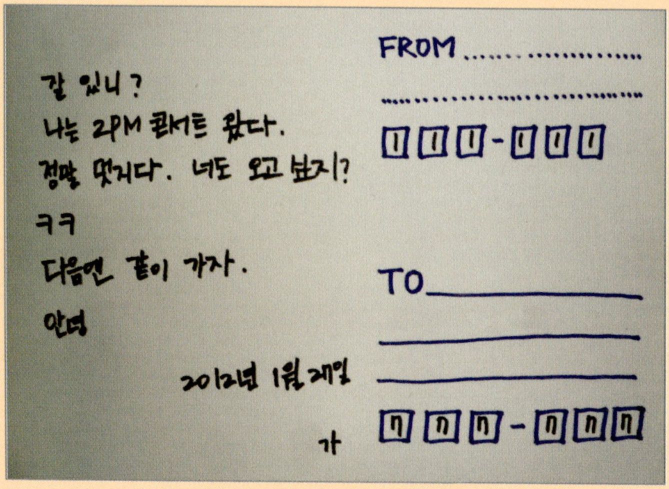

• 그림 3-23 • 그림 엽서

● 그림 3-24 ● 그림 엽서

언니가 동생에게 보낸 그림엽서는 가수의 콘서트에서 산 엽서이고 그 모습을 표현한 것이라고 하였다. 동생도 그 가수들을 좋아하는데 혼자 그 콘서트에 갔고 다음에는 같이 가자는 내용으로 엽서에 썼다. 언니에게 엽서를 받은 후 하고 싶은 말을 해 보라고 하니 자기는 그 가수를 이제 안 좋아한다면서 혼자 잘 갔다 오라고 하였다. 그리고 언니에게는 곰 인형이 그려진 엽서를 보냈고 언니에게 곰 인형이 갖고 싶다며 자기 생일이 3월인데 그때 선물로 받고 싶다고 썼다. 동생에게 답하고 싶은 말이 있느냐고 하니 돈이 없다며 용돈이 너무 적다는 이야기를 하였고 동생도 맞장구를 쳤다. 내담자는 부모님 말씀도 듣지 않고 친구들과 어울려 놀고 외모에만 관심을 가진다는 이유로 내방하였고 동생과 자신이 많이 다르다고 생각하고 있었다. 작업을 통해 내담자는 자신의 경험을 동생과 공유하고자 하는 마음을 표현하였고 그 과정에서 동생의 마음을 탐색할 수 있었다.

17 콜라주 배려하기

미술치료라고 하면 내담자는 물론이고 심지어 전공 학생들도 그림을 잘 그려야 하지 않을까 하는 선입견을 갖고 부담스러워 하는 모습을 자주 보게 된다. 그림의 실력이 중요하지 않다고 안내하여도 내심 불편하다고 말하곤 한다. 콜라주 작업은 잡지로 인해 아동, 청소년, 성인, 노인 누구나 친근하게 느끼고 그림을 그리지 않아도 되며 색칠을 하지 않아도 되기 때문에 그림에 대한 부담감을 감소시키는 방법 중의 하나가 될 수 있다.

1) 목 표

① 자신의 마음을 표현하고 타인의 마음을 이해한다.
② 타인으로부터 공감을 받고 타인을 지지하고 배려하는 표현을 한다.

2) 준비물

잡지, 4절 도화지, 가위, 풀

3) 방 법

① 도화지의 가운데 적당한 크기의 원을 그린다.
② 원 안에 자신의 마음을 잡지를 찢거나 오리는 등 콜라주로 표현한다.
③ 완성되면 그 내용을 치료자나 집단원들과 나눈다.
④ 자신의 마음을 이야기한 후 치료자나 집단원의 그림과 교환한다. 원의 바깥쪽에 집단원의 마음에 대한 지지, 공감, 배려를 콜라주로 표현한다.
⑤ 표현된 내용으로 이야기를 나눈다.

4) 임상장면에서의 적용

① 잡지를 사용할 경우 잡지에 나타난 모습들을 그대로 사용하거나 또는

마음대로 오리거나 찢어서 사용할 수도 있다.

② 잡지에서 자신의 마음을 찾는 것을 어려워하는 내담자도 있을 수 있다. 그러한 때는 그림이나 글로 표현할 수 있도록 안내한다.

③ 콜라주 방법이 아닌 점토 작업을 통해 배려하기를 표현할 수 있다. 각자 점토로 작업을 하고 이야기를 나눈 후 집단원의 마음에 대한 지지, 공감의 표현을 점토를 사용해서 할 수 있다.

④ 원의 안과 밖에 콜라주 작업을 할 때 가능하다면 원의 밖이나 안으로 자신의 작업이 범위를 넘어가지 않도록 하여 충분한 공간을 서로 사용할 수 있도록 안내한다.

⑤ 원 밖에 표현된 내용 중 마음에 더 와 닿는 것은 어떤 것이며 어떤 생각이 드는지 이야기를 나눈다.

⑥ 배려와 지지의 표현 중에는 해결책이 제시될 수도 있다. 이러한 집단원의 표현에 대해서 내담자는 통제당하거나 부담스럽게 느낄 수도 있다. 해결책을 선택하거나 선택하지 않는 것은 내담자의 자유이므로 원하는 대로 할 수 있다는 것을 안내한다.

5) 사 례

내담자는 20대 초반 여성이다.

• 그림 3-25 • 콜라주 배려하기

내담자는 이 연예인처럼 도도하고 끊임없이 자기 계발을 하는 멋진 모습이었으면 좋겠다고 하였다. 또 왼쪽의 연예인처럼 장애물을 부수고 해맑고 당당한 모습이길 바랐다. 같이 작업한 집단원이 회의하는 모습의 사진을 붙여 주었는데 무슨 뜻이냐고 내담자가 물었다. 자세히 보면 모두들 박수를 치고 있는데 모두의 박수를 받아 힘을 얻으라는 뜻이라고 하였다. 그런 의미인지 몰랐는데 정말 고맙다고 인사를 하면서 꼭 그렇게 될 것이라고 다짐하였다. 내담자의 부모는 신경질적이고 공격적이어서 공감적이지 못한 환경이었고 20살이 되어서야 독립하게 되었지만, 친척들은 부모를 버리고 나갔다며 내담자를 질타하는 상황이었다. 이 작업을 통해 자신의 꿈이 분명해지고 독립한 것이 자신의 잘못이 아니라는 것을 분명하게 인식하게 되었다.

18 공감놀이

임상장면에서의 공감은 내담자의 성장을 지속하기 위한 필수적인 요소다. 또한 공감적 태도는 내담자의 심리적 상태를 이해하기 위한 방법 중의 하나다. 치료자의 태도에 따라 내담자는 자신을 자랑하기도 하고 의존적인 모습을 보이기도 하며 공감적이지 못한 태도에 대해 화를 내기도 한다. 미술치료에서는 이러한 치료자의 공감뿐만 아니라 다양한 매체와 기법을 통해서 공감을 경험할 수 있다.

1) 목 표

① 내담자의 자유로운 표현에 대해서 공감을 받음으로써 심리적 편안함을 느끼도록 한다.
② 상대방의 작품에 대해 공감을 표현함으로써 공감능력을 기른다.

2) 준비물

도화지, 크레파스나 색연필, 사인펜 등의 채색도구, 잡지, 가위, 풀

3) 방 법

① 치료자와 내담자가 각각 도화지를 반으로 접어서 왼편이나 오른편에 자유롭게 그리도록 한다.
② 자유롭게 그린 그림을 치료자와 내담자가 교환한다.
③ 왼쪽이나 오른쪽의 그림을 보고 그림에 대한 공감반응, 즉 필요한 것이나 주고 싶은 것 등을 그림으로 표현한다.
④ 그림을 받은 다음 한 집단원이 자신의 그림을 보여 주면 집단원들이 무엇이라고 생각하고 어떤 그림을 그려 넣었는지에 대해 이야기를 한다.
⑤ 왼쪽에 그림을 그린 집단원이 자신은 어떤 생각으로 이 그림을 그렸는지에 대해서 이야기를 하고 어떤 공감의 표현이 더 마음에 와 닿는지 이

야기할 수도 있다.

4) 임상장면에서의 적용

① 집단에서는 도화지에 내담자의 별칭을 쓰고 도화지를 집단원들에게 돌려서 내담자에 대한 공감, 지지를 그림으로 표현할 수 있으며 부부나 가족일 경우 서로 교환하여 표현할 수 있다.

② 상담의 초반에 내담자와의 친밀감 형성을 위해 적용할 수 있다.

③ 내담자의 다양한 경험에 대해 치료자의 언어적 공감뿐만 아니라 비언어적 공감을 제공할 수 있다.

④ 치료자의 공감에 대해 수용하지 못하거나 이해하지 못한다면 그러한 감정에 대해서도 치료자의 수용과 공감을 제공할 수 있다. 이를 통해 내담자는 최적의 좌절을 경험하게 된다.

⑤ 공감반응의 내용은 구체적인 내용뿐만 아니라 추상적인 의미도 가능하다.

5) 사 례

내담자는 미술치료 전공 대학생들이다.

• 그림 3-26 • 공감놀이

왼쪽에 자신이 그리고 싶은 것을 그리도록 하였는데 나무를 그렸다. 지금은 겨울이지만 새싹이 돋아나는 봄이 좋아서 봄의 느낌으로 표현을 했다고 하였다. 다른 학생들은 각자가 생각하고 그림으로 그려 넣었는데 물을 줘서 더 잘 자라라는 의미로 물 조리개를 그려 넣었고, 한 학생은 봄인 것 같다는 생각이 들어서 나비와 꽃을 그려 넣어 주었으며, 다른 학생은 나무 밑에 평상에서 과일을 먹으며 책을 읽으면 좋겠다는 생각이 들어서 그렇게 그려 넣었다고 하였다. 이 이야기를 듣고 그림을 그린 학생은 자신이 꽃도 그려 넣고 싶은 마음이 있었는데 그림을 보니 반가웠고 물을 그려 넣어 주어서 고맙고 이런 곳에서 책을 읽을 수 있다면 정말 좋겠다고 하였다. 학생들은 30대 후반, 40대 초반의 직장인이거나 가정주부였으며, 졸업 후 새로운 일을 하거나 자녀 양육에 더 최선을 다하겠다는 의도를 가지고 있었다. 이 작업을 통해 그러한 욕구를 지지받은 기분이 들어서 좋았다고 하였다.

⑲ 그대 얼굴

의사소통에서 전달하고자 하는 의미는 상대방의 반응으로 결정된다. 예를 들어, 화자가 칼라라고 해도 청자가 카라로 들으면 카라와 관련된 연상들이 일어나고 대화는 핵심으로부터 벗어나게 된다. 화자가 정확하고 명료화시켜 말을 하는 것이 중요하고 청자도 상대방의 말을 이해하는 노력이 필요하다. 듣는 것은 귀로만 듣지 않고 눈으로, 몸으로, 마음으로 듣게 된다(백영훈, 2011). 특히 듣는 사람의 눈과 몸이 다른 방향으로 향하고 있다면 말하는 사람은 말하고자 하는 의미를 상실하게 된다. 대화에서 적극적이고 공감적인 경청의 시작은 얼굴을 바라보는 것이다.

1) 목 표

① 타인과의 대화방식을 개선하는 바탕이 되며 서로에 대한 친밀감을 높인다.
② 상대방의 장점을 발견해 줌으로써 서로의 자신감을 높인다.

2) 준비물

OHP필름(아스테이지), 나무 격자(캔버스 틀), 네임펜, 투명 테이프

3) 방 법

① 가족들에게 서로의 얼굴을 그려 줄 것이라고 안내하고 마주 보고 서로의 얼굴을 잘 관찰하도록 한다.
② 각자 나무 격자에 OHP필름을 투명 테이프로 고정시킨다.
③ 서로 마주 보고 앉아서 한 가족은 모델이 되고 한 가족은 화가가 되어 OHP필름으로 보이는 대상의 모습을 그려 준다. 어머니가 자녀를, 자녀가 아버지를, 아버지가 어머니를 그리게 할 수 있다.
④ OHP필름이 붙은 틀을 모델이 들어 준다.

⑤ 서로 역할을 바꾸어 작업한다.

⑥ 나누기를 한다.

4) 임상장면에서의 적용

① 부부와 가족 상담에서 서로의 얼굴을 그리는 자체, 서로의 얼굴과 눈을 장시간 바라볼 기회를 가지게 되어 존재 자체의 의미를 되새기도록 돕는다.

② 부부치료일 경우, 배우자의 완성된 얼굴을 앞에 두고 하고 싶은 말을 해 보고 듣고 싶은 말을 해 봄으로써 친밀감을 느낄 수 있다.

③ 가족치료의 경우, 자신이 그린 가족구성원의 장점을 여백에 써 봄으로써 가족의 자존감을 높여 줄 수 있다.

④ 서로가 그린 얼굴을 가면으로 만들어 쓰고 최근에 있었던 갈등에 대해 역할극을 해 봄으로써 상대방을 이해할 수 있다.

5) 사 례

내담자는 40대 중년 부부다.

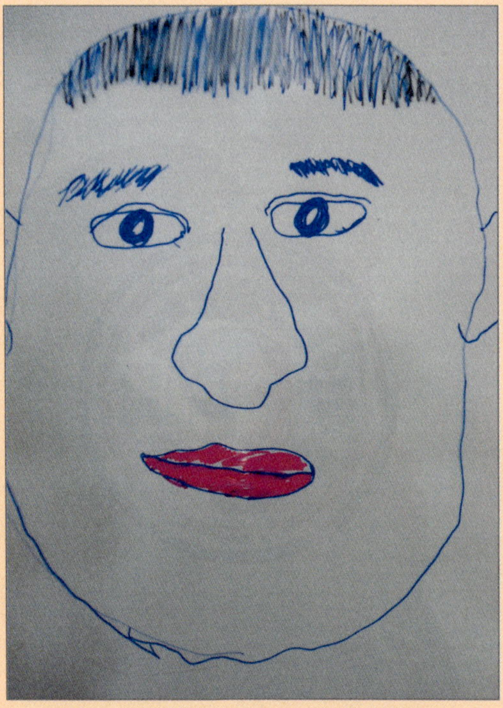

• 그림 3-27 • 그대 얼굴

아내는 그림을 그린 후 잘생긴 남편을 못 생기게 그려서 미안하고 길어진 눈썹과 눈가 주름, 흰 머리가 생각보다 많아 안쓰럽다고 하였다. 남편도 아내의 얼굴을 그리며 최근 이렇게 긴 시간 말없이 아내를 있는 대로 바라본 기억이 없었으며 젊고 예뻤던 과거의 아내 모습에 대해 말하였다. 그림을 이젤 위에 놓고 하고 싶은 이야기를 해 보도록 하니 아내는 미안하다며 한참을 말없이 눈물을 흘렸고, 남편도 아이들이나 아내에게 소홀했던 미안함과 직장생활에 관련된 고충을 토로해 아내의 지지와 위로를 듣게 되었다. 중학교 3학년 아들의 상담을 위해 부모 상담을 하게 된 부부로 서로 바쁘고 피곤하다는 이유로 대화가 줄어들고 원만하지 않은 상황이었다. 이 작업을 통해 부부는 아들만의 문제로 인식했던 최근의 가정사를 가족의 문제로 확대해 볼 수 있었다.

20 집단 신체 본뜨기

신체 본뜨기는 자신의 신체상을 표현함으로써 자기에 대해 더 깊은 자각을 하도록 하거나 장점을 표현하여 자신감을 갖도록 하는 기법이다. 또 미래상을 꾸며 봄으로써 자신을 더 소중하게 여기도록 돕는다(최외선, 김갑숙, 최선남, 이미옥, 2006). 집단 신체 본뜨기는 집단 내 개인으로서 자기를 표현하고 집단의 지지를 받아 자신감을 높일 수 있다.

1) 목 표

가족, 집단에서 자기를 표현하고 타인의 지지와 격려로 자신감을 경험한다.

2) 준비물

전지, 크레파스, 사인펜, 색연필, 투명 테이프, 가위

3) 방 법

① 집단원의 수만큼의 전지를 서로 붙여 넓은 사각형 모양이 되도록 한다.
② 그 위에 집단원들이 누워서 원하는 자세를 취하도록 한다.
③ 치료자가 한 명씩 신체 윤곽선을 크레파스로 그려 준다.
④ 모두 신체 윤곽선이 완성되면 집단원들은 선택한 신체 윤곽선 내에 하고 싶은 말, 생각나는 것, 칭찬, 격려의 표현 등을 하도록 한다.
⑤ 선택된 집단원은 작업을 관찰하고 다음 작업 시에 참여한다.
⑥ 이렇게 차례로 작업하고 완료 후 나누기를 한다.

4) 임상장면에서의 적용

① 집단원이 자신의 신체에 그림이나 글로 표현할 때 어떠한 마음인지, 쓰인 내용에 대해 어떤 생각이 드는지 이야기를 나누어 본다.

② 작업 전과 후 집단원들에 대한 마음이나 집단에서 자신의 이미지가 어떻게 변화하였는지 탐색해 본다.
③ 신체 윤곽선을 그릴 때 치료자가 아닌 집단원들이 서로를 그릴 수 있도록 안내할 수 있다.
④ 자신의 신체 윤곽선 내에 자신이 그림이나 글로 자유롭게 표현하도록 하여 자기표현의 기회를 제공할 수 있다.

5) 사 례

내담자는 초등학교 3학년 남학생과 여학생 집단이다.

• 그림 3-28 • 집단 신체 본뜨기

원하는 크레파스를 가지고 서로가 돌아가며 신체 본을 그려 주었는데 그 과정에서 모두 표정이 밝아졌다. 그리고 집단원들이 신체 윤곽선 안을 꾸몄는데 여학생은 예쁘게 꾸미려고 노력하였고 남학생들은 장난을 하거나 여학생 그림을 방해하는 모습을 보이기도 하였다. 여학생들이 예쁘게 꾸며 줄 때는 신체 본의 내담자는 표정이 밝아졌지만 남학생들의 태도에는 표정이 굳어지기도 하였다. 작업이 끝나고 신체 본의 내담자는 칭찬을 써 준 친구들을 보며 고맙다고 하였고 남학생들의 장난에는 그렇게 심각하게 받아들이지는 않았다. 다른 내담자들도 작업에 대해 즐거워하였으며 바탕을 꾸밀 때는 자유롭게 작업하고 신나는 표정을 지었다. 내담자들은 한부모 가정이거나 맞벌이 가정 자녀들로 관심을 받으려는 태도를 많이 보였는데 이 작업을 통해 친구들의 관심을 받으며 욕구를 충족할 수 있었다.

21 보물지도

望月俊孝(2009)는 보다 쉽고 즐겁게 꿈을 현실로 바꿀 수 있는 방법을 제시하며 "사람이 꿈을 이루기 위해서는 생각처럼 어렵고 복잡한 과정이나 절차가 필요하지 않다."라고 말한다. 그 방법은 바로 자신만의 보물지도를 만들라는 것이다. 보물이란 매우 드물고 귀하여 가치가 있는 것으로 우리 모두에게 해당하는 보물도 존재하지만, 개인에게 가치 있는 보물도 존재한다. 자신의 보물을 생각해 봄으로써 잊고 살았던 소중한 것에 대해 탐색해 보는 기회가 될 것이다.

1) 목 표

자기의 욕구와 가치를 탐색하고 놀이를 통해 친밀감을 높인다.

2) 준비물

도화지, 색종이, 가위, 사인펜, 색연필

3) 방 법

① 색종이에 자신의 보물을 그려 보도록 한다.
② 두 팀으로 나누어 서로가 그린 보물을 교환한다.
③ 치료자는 가짜 보물을 만들어 똑같이 나누어 준다.
④ 첫 번째 팀이 가진 보물을 치료실 내에 숨기도록 한다. 숨기는 동안 다른 팀은 밖에서 기다린다.
⑤ 보물을 모두 숨긴 팀은 보물지도를 만든다.
⑥ 보물지도를 그리는 동안 나머지 팀도 보물을 숨기고 보물지도를 만든다.
⑦ 보물지도를 이용해서 보물을 찾는다.
⑧ 가짜 보물을 찾으면 가짜에 쓰인 벌칙을 같은 팀이 수행한다.

⑨ 보물을 모두 찾은 후 이야기를 나눈다.

4) 임상장면에서의 적용

① 보물지도는 단순한 지도가 아니라 상상력이나 창의력을 발휘하여 표현하도록 치료자가 안내한다. 초등학교 저학년일 경우 보물지도를 생략하고 찬스 기회를 사용하도록 하면 된다.
② 한 팀이 보물을 숨기는 동안 다른 팀은 도미노 게임, 젠가 등을 통해 지루해 하지 않고 보물 숨기는 것을 방해하지 않도록 한다.
③ 제한 시간 동안 찾지 못할 경우 보물지도에 대한 힌트를 주도록 한다.
④ 보물에 대해 어떤 의미를 지니고 있는지 표현한다. 보물을 찾았을 때와 못 찾을 때 마음이 어떠한지에 대해서도 이야기를 나눌 수 있다.
⑤ 다른 사람들의 보물과 자신의 보물이 어떻게 다른지 생각해 볼 수 있다.

5) 사 례

내담자는 초등학교 5학년과 6학년 남녀 학생들이다.

• 그림 3-29 • 보물지도

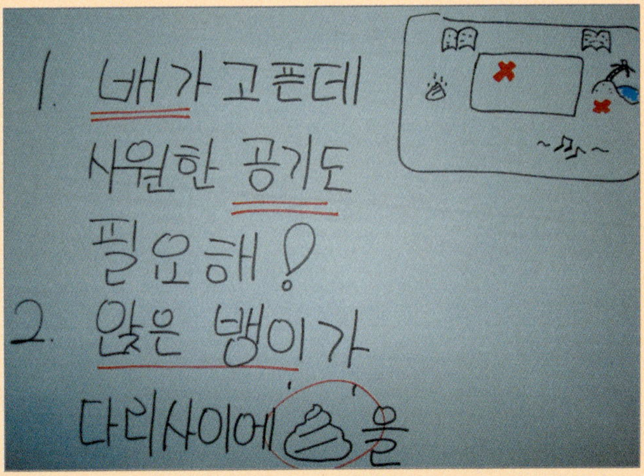

• 그림 3-30 • 보물지도 힌트

아동들은 색종이를 받고 자신의 보물 한 가지씩을 그림으로 표현하고 보물지도를 만들어 서로 교환 후 자신들의 보물을 찾아 나섰다. 보물찾기를 하는 동안 각 팀은 함께 의논을 하여 시간과 영역을 정해 찾아보고 만나기도 하였다. 한 팀은 재빠르게 찾은 다음 다른 팀의 보물찾기를 도와주는 모습도 보였다. 나누기에서는 힘들었다고 하였고, 시간 내에 못 찾은 보물을 나누기 후에도 계속 찾기로 하였다. 내담자들은 질서를 잘 지키지 않고 사소한 일로 서로 욕설을 하고 다투는 일이 많은 등 공감이나 배려하는 태도가 부족한 아동들이었다. 이 작업을 통해 각 개인이 소중하게 생각하는 것에 대해 탐색해 볼 수 있었으며 팀별 작업을 통해 친밀감을 높일 수 있었다.

22 이야기 릴레이

릴레이란 몇 명이 조를 이루어 일정한 거리를 교대로 이어서 가는 경기이며, 어떤 일을 여러 사람이 이어받고 넘겨주며 완수하는 방식을 의미한다. 혼자서는 할 수 없는 것이 릴레이다. 삶도 마찬가지로 혼자서는 살아갈 수 없다. 인간은 태어나는 순간부터 타인의 양육으로 성장, 발달하게 된다. 공동 작업이나 릴레이 작업은 타인과의 관계를 재경험하게 하여 원만한 사회생활을 하도록 자극한다.

1) 목 표

긴장감을 감소시키고 친밀감, 창의력 향상을 돕는다.

2) 준비물

점토, 색모래 등 비구조화된 매체

3) 방 법

① 도화지, 점토, 모래 등 자유 작업을 위한 매체를 이용해 자유 작업을 시작한다.
② 자유 작업의 어느 시점이든 개인 작업을 멈추게 하고 자신이 가진 매체를 사용해 제한 시간에 작품을 만든다.
③ 만들어진 작품을 간단히 설명한다.
④ 먼저 한 집단원이 자신의 작품으로 간단한 이야기를 만든다.
⑤ 다음 순서의 집단원은 앞의 이야기에 이어 자신의 작품으로 이야기를 만든다.
⑥ 모든 집단원이 이야기를 만든다.
⑦ 자유 작업을 계속한다.
⑧ 이야기 릴레이를 반복한다.

4) 임상장면에서의 적용

① 동일한 매체가 아닌 비구조화된 다양한 매체를 집단원들이 선택하여 작업을 할 수 있다.

② 이야기 릴레이를 통해 긴장감을 감소시킨 후 주제를 제시하여 본 작업으로 들어가는 기법으로 활용 가능하다.

③ 이야기를 만드는 데 부담을 가질 수 있으므로 주어, 목적어, 술어로 구성된 간단한 문장으로 시작하도록 한다.

④ 제한 시간 동안 작품을 만들도록 하므로 완성도가 높은 작품을 만들기 어렵다. 그러므로 작품에 대한 부담감을 갖지 않도록 안내한다.

⑤ 이야기 릴레이이므로 앞 사람의 이야기를 한 번 반복하고 자기 이야기를 하도록 하여 타인의 이야기에 집중하도록 한다.

5) 사 례

내담자는 초등학교 4학년 두 명과 5학년 두 명의 남학생들이다.

• 그림 3-31 • 이야기 릴레이

다양한 색 모래를 서로 많이 가지려고 다투기도 하였다. 모래더미 가운데 세운 나무젓가락이 쓰러지지 않도록 모래를 가져가는 방법으로 모래를 나누었다. 여러 가지 색 모래를 이용해 그림을 그리거나 서로 가위, 바위, 보를 이용해 모래 따먹기를 하였고 물과 종이컵을 이용해 다양한 색의 음료를 만들기도 하였다. 다음은 그림을 그리도록 하고 완성되면 짧은 이야기를 만들도록 하였다. 대부분 폭력적인 이야기였지만, 그중 한 번은 각각 사람 얼굴, 구름이 걸린 산, 산을 표현하고 한 친구는 아무것도 만들지 못하였다. 첫 번째 아동은 '한 못생긴 아이가 산 위에 있는 구름을 보고 구름을 잡으려고 산으로 올라갔는데 아무것도 없었다.' 고 만들었다. 다른 아동은 '어떤 여자가 산 위에 올라가 구름을 만지려고 했는데 올라가니 구름이 없어서 멍해졌다.' 고 지었다. 내담자들은 욕설을 하고 자주 다투거나 따돌리는 모습을 많이 보이는 아동들이었다. 모래작업에서 처음에는 서로 더 가지려 하는 등 공격적인 모습을 보이기도 했지만, 이야기를 만드는 과정에서 다른 집단원이 무엇을 그렸는지, 무엇을 말하는지 경청하려는 모습을 보이는 등 긴장감이 낮아지고 친밀감이 높아졌다.

23 롤링 콜라주

콜라주(Collage)는 잡지나 그림, 달력, 사진, 헝겊, 단추, 실, 낙엽 등 우리 주변에서 쉽게 구할 수 있는 재료를 이용하여 찢거나 오리고, 잘라서 종이에 구성하여 하나의 작품으로 완성하는 것으로 20세기 초에 생겨난 미술표현 방법이다(최외선, 이근매, 김갑숙, 최선남, 이미옥, 2007). 다양한 매체를 활용한 이 기법은 내담자의 관심과 흥미를 분명하게 인식하도록 도우며, 이상과 현실의 차이를 이해하는 데 유용할 뿐만 아니라 미술표현에 대한 부담감을 감소시키는 효과적인 방법 중의 하나다.

1) 목 표

타인에 대한 감사와 공감을 표현하며 타인으로부터의 지지와 배려를 경험한다.

2) 준비물

4절 도화지, 잡지, 가위, 풀, 사인펜

3) 방 법

① 집단에 참여한 구성원들 각각에 대해 그들의 장점과 감사할 점에 대해 생각한다.
② 각자에게 주고 싶은 선물, 필요한 것이 무엇일지 생각한다.
③ 도화지의 오른쪽 상단에 자기의 이름이나 별칭을 쓴다.
④ 도화지를 오른편에 앉은 집단원에게 넘긴다.
⑤ 집단원의 이름을 보고 그에게 선물하고 싶은 것을 잡지에서 찾아 오리고 붙인다.
⑥ 그림이나 사진 밑에 자기의 별칭이나 이름을 쓴다.

⑦ 오른편으로 도화지를 넘긴다. 같은 작업을 반복한다.

⑧ 자기에게 돌아오면 작품을 보여 주며 각자 어떤 의미에서 무엇을 선물하였다고 말한다.

⑨ 감사 인사 등 하고 싶은 말을 하고 다음 집단원의 이야기를 나눈다.

4) 임상장면에서의 적용

① 치료 중기에 적용할 경우, 하고 싶은 말을 주제로 하여 상징적으로 표현할 수 있으며, 장점을 표현해 줄 수도 있다.

② 잡지에서 선택하지 못할 경우는 그림으로 표현하도록 안내한다.

③ 도화지를 돌릴 것이라고 미리 안내하여 혼자서 많은 공간을 차지하지 않도록 한다. 필요하다면 뒷면을 사용할 수도 있다.

④ 다양한 잡지를 준비하여 선택의 폭을 넓히도록 한다.

⑤ 칭찬 릴레이로 적용할 경우에는 집단원의 이름을 뽑아 그 사람에 대한 칭찬이나 선물을 붙이는 작업을 할 수 있다.

5) 사 례

(1) 롤링 콜라주

내담자는 성인 여성들이다.

● 그림 3-32 ● 롤링 콜라주

내담자는 집단을 하면서 강사가 되고 싶다는 표현을 하였고 모두들 집단원의 꿈을 잘 인식하고 있어서 멋진 강사가 되라는 것, 강사가 되어 아름다운 세상을 만들라는 글, 멋진 옷을 입고 강의를 하라는 의미에서 옷을 선물하였고 다른 집단원은 아름다운 곳을 여행하라고 선물을 하였다. 내담자는 감사해 하며 꼭 그렇게 되고 싶다고 하였다. 자녀 양육에 더 집중하며 살다가 집단을 통해 자신의 꿈을 인식할 수 있었고, 이 작업을 통해 집단의 지지가 힘이 되어 목표를 더 분명하게 할 수 있었으며, 집단원들도 타인에 대한 공감능력을 향상시킬 수 있었다.

(2) 칭찬 릴레이

내담자는 성인 여성들이다.

• 그림 3-33 • 칭찬 릴레이

바로 옆에 앉아 있었던 집단원으로부터 이 작품을 받았다. 옆에 있던 집단원이 하나씩 설명을 해 주었다. 내담자는 참 우아하고 한옥 고택처럼 오래될수록 더 좋은 것 같고, 연세가 있으니 영양제 등 몸보신을 해야 할 것 같아서 약들을 붙였으며, 꽃도 선물하고 싶어서 붙였다고 하였다. 그리고 보석을 좋아하는 것 같아서 사 줄 수는 없어도 주고 싶어서 붙였고 가방도 그렇다고 하였다. 그리고 보이시한 옷도 잘 어울릴 것 같다고 하였으며, 음식도 잘해서 이런 그릇을 좋아할 것 같다고 하였다. 남편과 이런 모습으로 나이가 들면 좋겠고 소금과 같은 사람이 되길 바란다고 하였다. 이걸 받고 정말 고맙다고 하였다. 내담자는 중년이 되면서 남편과 더 좋은 사이가 되길 바랐으며 신앙심이 두터워 집단원이 말한 것과 같이 소금과 같은 사람이 되고자 노력하는 상황이었다. 이 작업을 통해 타인의 지지와 인정을 경험하면서 삶에 감사하고 중년으로서 자아를 인식하는 데 도움이 되었다고 본다.

04
매체 활용

미술치료에서 매체는 중간대상의 역할을 한다. 첫째, 자신의 마음을 뚜렷하게 인식하지 못할 때 혹은 인식하였으나 언어로 분명히 표현할 수 없을 때 미술 매체는 언어라는 사회적 형식에 얽매이지 않고 자연적인 본래의 모습으로 자기를 표현할 수 있도록 돕는다. 둘째, 경험하지 못한 새로운 미술 매체는 신선한 체험을 제공한다. 반복되는 문제는 항상 같은 방식으로 접근하기 때문에 해결되지 않지만, 새로운 매체 경험을 통해 다른 방식으로도 표현이 가능하다는 것을 인식하게 돕는다. 또한 같은 매체의 창의적인 사용법은 새로운 시각을 제시한다.

1 유 화

유화는 건성(乾性) 기름과 안료를 섞어 만든 유채물감으로 그린 그림을 말한다. 지금의 유화가 개발되기 전에는 주로 프레스코(fresco)나 템페라(tempera)로 그림을 그렸다. 오늘날의 유화가 본격적으로 시작된 것은 15세기경 플랑드르의 화가 얀 반 아이크(Jan Van Eyck, 1390년경~1441)에 의해서라고 전해진다. 오늘날 유화의 기법은 작가들마다 다르며, 상상의 범위를 넘는 새로운 시도들도 이루어지고 있다. 그러나 유화물감은 고도의 기술과 지식이 필요한 재료인 만큼 재료적인 한계와 사용법에 대한 주의가 필요하다. 유화의 특성은 광택, 내구성, 입체감이 있으며, 발색이 좋고 잘못된 부분을 수정하기 쉽다는 장점이 있다(민족미술인협회, 2012).

1) 목 표

유화를 통해 새로운 도전을 경험하고 유화의 장점을 통해 변화와 수정을 경험한다.

2) 준비물

유화물감, 유화용 붓, 유화용 팔레트, 캔버스, 기름통, 테레핀(휘발성유), 린시드(건성유), 미디엄(주름이나 균열 방지), 바니시(후 처리제), 붓 세척액

3) 방 법

① 물감이나 붓, 팔레트 등의 사용 방법, 장단점 등에 대해 안내한다.
② 캔버스에 자유롭게 그림을 그리도록 한다.
③ 작업이 끝나면 재료를 정리한다.
④ 제목을 붙이고 나누기를 한다.

4) 임상장면에서의 적용

① 유화 작품은 건조 시간이 다소 걸리므로 빨리 건조되는 아크릴 물감을 사용하여 작업 후 작품을 바로 가져가도록 할 수 있다.

② 유화에 대해 부담을 가질 수 있으므로 다른 작품을 통해 부담을 감소시키도록 한다.

③ 캔버스의 크기에 따라 한 회기에 작업을 마칠 수 없으므로 다음 회기에 이어서 할 수 있도록 안내한다.

5) 사 례

내담자는 초등학교 1학년 남학생이다.

● 그림 4-1 ● 유화

내담자는 연필로 대략 사람 모양을 그리고는 빨간색으로 얼굴을 칠하였다. 그리고 얼굴이 빨갛다고 말하였다. 검정색으로 머리 모양과 눈, 입을 그려 넣었다. 그러다 검정색으로 마구 칠하였다. 빨간색으로 신발을 색칠하고는 검정색으로 낙서한 곳을 원모양으로 덧칠을 하였다. 이 아이는 남자아이로 축구를 하는데 상대가 잘해서 화가 나서 얼굴이 빨갛다고 하였다. 그래서 공을 찼는데 불꽃 슛이 되어 공이 날아간다고 하였다. 내담자는 매우 적극적이고 운동을 좋아하였는데 화가 나면 소리를 지르거나 우는 등 또래에 비해 미성숙하였다. 캔버스에 그리는 것에 대해 신기하게 생각하였고 이 작업을 통해 자신의 감정을 자연스럽게 표현할 수 있었다.

2 습식 수채화

수채화는 안료를 여러 가지 수용성(水溶性) 접착제와 함께 물에 풀어서 그리는 것이다. 넓게 말하면, 르네상스 전후 유화기법이 일반화되기 전 대부분의 회화기법은 물을 직접적 또는 간접적 매체로 사용하였으므로 그 시기까지의 거의 모든 회화양식을 수채화의 범주 속에 넣을 수 없는 것은 아니다. 서양화기법 중 투명묘법(透明描法)에 의한 것과 함께 불투명성 물감에 의한 템페라나 아라비아고무 등을 사용한 과슈 등의 그림은 수채화의 범주 속에 포함시키는 것이 보통이며, 연필담채화나 펜 담채화 등도 수채화로 함께 이해한다(Sbrush, 2012). 수채화 물감은 누구나 미술작업에 쉽게 접근할 수 있는 이완의 특징을 가진 재료로 자기표현을 촉진시키는 도구다(고현, 유시덕, 이정남, 이현희, 백현옥, 이창호, 정선주, 2008).

1) 목 표

습식 수채화 작업을 통해 이완을 경험하고 자기표현을 촉진한다.

2) 준비물

도화지, 수채화 물감, 붓, 팔레트, 물통, 빽붓

3) 방 법

① 도화지에 빽붓으로 깨끗한 물을 전체적으로 충분히 바른다.
② 그 위에 팔레트에 짜 놓은 원하는 색을 마음대로 칠해 본다.
③ 다음 도화지에 또 원하는 색으로 마음대로 칠해 본다.
④ 원하는 만큼 반복한 후 느낌에 대해 이야기를 나눈다.

4) 임상장면에서의 적용

① 내담자에 따라서는 물의 양에 따라 형태가 원하는 대로 되지 않을 것이라는 것을 안내할 필요가 있다.
② 통제가 강한 내담자에게 도움이 될 수 있다.
③ 빽붓으로 사용하는 물통과 채색용 붓의 물통을 달리하여 혼색이 되지 않도록 한다.
④ 붓으로 칠하는 방식 외에도 물감을 떨어뜨리는 방식이나 뿌리는 방식 등 다양한 방식의 시도를 통해 삶에 창의적으로 적응할 수 있도록 한다.

5) 사 례

내담자는 중학교 1학년 여학생이다.

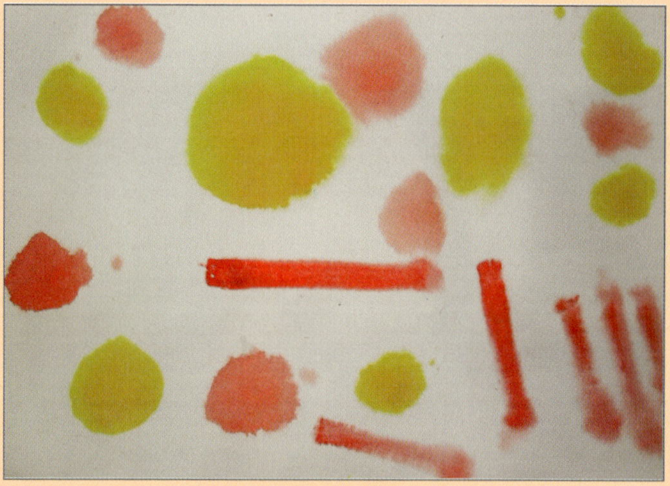

• 그림 4-2 • 습식 수채화

• 그림 4-3 • 습식 수채화

빽붓으로 물을 바르는 것에 대해 의아해 하였다. 그리고 원하는 물감을 짜서 원하는 대로 그려 보도록 했는데, 빨강과 노랑으로 선 몇 줄과 원을 그린 후 다음 작업에서는 연두색으로 선을 한 획 그었는데 번지자 신기하다고 하였다. 마지막 작품이 질서도 있으면서 변화가 있어서 좋다고 하였다. 색의 변화에 대해 물으니 그것도 마지막 작품이 편안하다고 하였다. 내담자는 친구 관계는 원만하였지만 가정에서 자기표현을 하는 데서 다소 미숙함이 있었다. 이 작업에서 물감의 흐름을 통해 긴장감을 낮추고 이완을 경험할 수 있었다.

3 수묵화

전통 붓과 먹을 이용한 작업은 흑백으로 이루어진 먹의 단순성이 매체에 대한 부담감을 줄여 자신감과 함께 흥미를 유발시킨다. 또한 일반적인 수채화 물감용 붓과 달리 전통 붓은 다양한 크기와 터치의 부드러움, 한 번에 많은 양의 먹물을 머금을 수 있어 넓고 긴 터치를 유도하고 이로 인해 과감하고 시원한 작업형태를 가져다줄 수 있다. 또한 먹물은 아동들에게 세심함이 요구되는 조심스러운 작업으로 인식되어 있는 경우가 많아 제약 없이 과감한 먹물과 붓의 사용은 내재된 다양한 욕구를 해소할 수 있다.

1) 목 표

흑백의 무채색에 투사되는 심리적 반응을 탐색한다.

2) 준비물

먹물, 벼루(접시), 다양한 크기의 서예 붓, 한지 등 다양한 재질과 크기의 용지

3) 방 법

① 준비물을 제공한다.
② 자유롭게 작업하도록 한다.
③ 제목을 정하고 나누기를 한다.

4) 임상장면에서의 적용

① 먹물은 먹을 갈아서 준비하는 것도 좋고 갈아 놓은 먹물을 활용해도 좋다.
② 다양한 매체와 함께 혼용하는 것도 효과적이다.

③ 먹은 천에 묻을 경우 잘 지워지지 않는 매체로 토시와 미술작업용 앞치마를 준비한다.

④ 검은 먹에 대한 느낌을 탐색해 보도록 한다.

5) 사 례

내담자는 7세 유치원생이다.

● 그림 4-4 ● 수묵화

● 그림 4-5 ● 수묵화

4절지에 붓을 이용해 위에서 아래로 점을 찍듯 찍었다. 내담자는 100마리의 오리라고 답하였다. 100마리의 오리들은 모두 형제이며 한 방향으로 이동하고 있는데 집을 향해 가고 있다고 하였다. 다음 작업은 손을 이용해 발바닥 모양을 찍어 보고 손바닥으로 찍어 보기도 하였다. 내담자는 자주 울었으며 배나 머리가 아프다는 이유로 유치원 등원을 거부하였다. 이 작업에서 먹물과 붓으로 그림을 그린다는 것에 대해 신기하게 생각하였고, 처음에는 몇 장의 난화를 그리다가 창의적인 방법으로 표현을 하였으며, 심리적 이완을 경험하면서 자기의 마음을 자연스럽게 표현하였다.

4 커피카드

커피는 '커피 한 잔의 여유' 라는 말이 생길 정도로 한국인의 일상에서 중요한 차가 되었다. 커피를 마시면서 상대방의 대화를 경청한다면 원활한 커뮤니케이션과 대화의 즐거움이 배가 될 수 있다. 커피의 주요 성분인 카페인이 집중력을 향상시키고 머리를 맑게 하는 각성 효과가 있기 때문이다. 또한 심리적 안정을 시켜 주는 효과도 있다고 한다(정해옥, 2010). 이런 커피를 매체로 이용한 작업은 커피의 향이 주는 심리적 효과와 커피의 색, 브라운 색이 주는 색채 효과를 기대하게 한다.

1) 목 표

커피의 색채와 향을 통해 안정감을 경험하고 창의적 사고를 자극한다.

2) 준비물

인스턴트 커피, 물, 붓(빽붓과 수채화붓), 물통, 접시, 전지

3) 방 법

① 집단원 모두가 전지에 커피물감과 빽붓을 이용해 자신만의 한 번의 터치를 한다.
② 전지를 여러 조각으로 자른다. 이때 카드의 조각 수는 집단원 수만큼 자르거나 또는 수와 관계없이 카드의 크기를 고려해 잘라내도 된다.
③ 잘라낸 조각들은 커피물감을 이용한 터치가 배경으로 나오도록 카드처럼 접는다.
④ 원하는 만큼의 카드를 나누고 커피액을 이용해 카드에 그림을 그리도록 한다.
⑤ 카드가 완성되면 나누기를 한다.

4) 임상장면에서의 적용

① 커피액을 이용한 배경 터치와 카드 제작을 치료자가 사전에 준비해 집단원들에게 그림만 그려 카드를 완성할 수 있도록 한다면 시간을 효과적으로 활용할 수 있으며 지지와 배려를 경험할 수 있다.

② 커피 카드가 완성된 후 색연필, 사인펜 등 다양한 도구를 활용하여 그림을 완성할 수 있다.

③ 커피에 대한 느낌에 대해 이야기를 나눌 수 있다. 성인의 경우 커피와 관련된 경험을 떠올려 볼 수 있다.

④ 표현된 작품에 대한 제목을 붙여 보고 작품이 내담자에게 어떠한 메시지를 보내는지 탐색해 볼 수 있다 .

5) 사 례

내담자는 초등학교 6학년 남학생과 여학생이다.

• 그림 4-6 • 커피카드

매체가 커피라는 것에 상당한 관심과 흥미를 나타내었다. 전지를 벽에 붙이고 한 획을 그리는데 마치 행위예술을 하듯 엉덩이를 흔들며 긴 획을 그었다. 획의 부분이 나타난 카드에 각자 그림을 그렸는데 한 여학생은 나비를 그리고 자유롭게 날아갈 것이라고 하였고, 남학생은 칼을 그리고는 게임 캐릭터의 칼로 게임에서 이긴다고 하였다. 자동차를 그린 남학생은 자동차를 타고 마음대로 다닐 것이라고 하였다. 배처럼 그린 남학생은 어떤 남자가 배를 타고 고기를 잡으러 다닌다고 하였다. 여학생은 나무 한 그루를 그렸는데 옆에 있는 나무들은 모두 큰데 혼자만 작아서 싫어한다고 하였다. 여학생들은 소극적이고 위축되어 있었으며, 남학생들은 욕설을 하거나 싸우는 등 공격적인 태도를 보여 집단미술치료에 참여하게 되었다. 이 작업에서 커피의 색채와 향으로 안정감을 경험하고, 매체의 창의적인 사용 방법을 경험하면서 자연스럽게 자기를 표현하게 되었다.

5 소망 양초

소망이란 간곡하게 바라는 것을 말한다. 바라는 것이 이루어질 때 행복을 느끼고 가치 있는 자기와 타인을 경험하지만, 바라는 것이 이루어지지 않을 때 자기와 타인에게 실망하고 좌절하며 우울해지기도 하는 등 다양한 감정을 경험하게 된다. 임상장면에서 이러한 감정이 표현되고 정리되고 나면 내담자들은 다시 삶에 대한 희망을 갖는다. 보다 신중하고 튼튼해진 삶에 대한 의욕을 표현하는 작업은 그들의 삶에 대한 공감이라 할 수 있다.

1) 목 표

삶에 대한 욕구와 바람을 탐색하고 표현한다.

2) 준비물

파라핀, 심지, 크레파스, 커트 칼, 접시, 가위, 나무젓가락, 냄비, 전기레인지, 점토, 점토도구, 색종이, 사인펜

3) 방 법

① 점토를 사용해 원하는 모양을 만든다.
② 원하는 색의 크레파스를 갈아서 가루로 만든다.
③ 완성된 몰더(점토)에 나무젓가락을 이용해 심지를 가운데 고정시킨다.
④ 파라핀을 녹이고 크레파스 가루를 배합한다.
⑤ 자신의 소망을 색종이에 적어서 접는다.
⑥ 녹인 파라핀을 몰더에 넣을 때 소망이 적힌 쪽지를 넣고 파라핀을 가득 채운다.
⑦ 굳을 때까지 서늘한 곳에 보관한다.
⑧ 나누기를 한다.

4) 임상장면에서의 적용

① 소망 양초 작업은 치료 후기에 실시하여 신중하고 건강한 자기의 바람을 탐색할 수 있도록 한다.

② 소망은 타인이 아닌 자기가 바라는 것에 대해 표현하도록 하며 긍정적으로 사고하는 것이 중요하다는 것을 안내한다.

③ 소망을 이루기 위해 현재 무엇을 할 수 있을지 탐색해 본다.

5) 사 례

내담자는 초등학교 4학년 남학생이다.

● 그림 4-7 ● 소망 양초

점토를 가지고 몰더를 만들도록 했는데 아동은 여러 차례 크게 만들어도 되는지 질문하였다. 어머니도 아동의 몰더 크기를 의식해 너무 크다는 말을 반복하였다. 아동은 '열심히 공부해 반드시 반에서 1등을 하겠다.'고 소망을 적고 어머니에게 비밀을 지켜 달라 부탁하였다. 어머니는 가족이 모두 건강한 것이라고 적었다. 아동은 몰더의 크기에 만족감을 나타내었으며, 파라핀이 굳어 만들어진 초를 자신의 방에서 매일 조금씩 태워 자신의 소망이 이루어지도록 빌겠다고 하였다. 아동은 산만하고 학업성적이 낮아서 어머니에게 잔소리를 많이 듣고 학교에서도 원만한 생활을 하지 못하고 있었다. 이 작업에서 점토를 통해 긴장감을 감소시키고 무의식적 욕구를 표현할 수 있었으며, 성취감을 경험하면서 자신의 소망을 자연스럽게 표현할 수 있었다.

6 나무 작업

우리나라에는 약 1천여 종의 나무가 있고 나무에도 의미가 담겨져 있다. 버드나무는 아름다움을, 소나무는 절개를 상징한다. 히말라야시다는 신비로운 생명의 힘을 상징하며, 사랑의 화신 가막살나무, 아련한 달토끼의 전설을 간직한 계수나무, 은둔한 선비들의 처량한 모습 박쥐나무, 개암나무는 부를 상징한다. 다양한 의미와 함께 그 쓰임 또한 다양하다. 홍수나 가뭄 등 자연재해를 예방하고 깨끗한 공기를 주며, 집을 짓고, 가구를 만든다. 난방을 하며, 관상용으로도 훌륭하다. 약으로도 쓰이며, 종이의 원료가 되고 예술 작품을 만드는 데도 쓰인다.

1) 목 표

나무가 주는 자연의 편안함을 경험하고 창의적인 사고를 표현한다.

2) 준비물

나무판, 톱, 손잡이, 연결 고리, 못, 망치, 자, 펜, 면장갑

3) 방 법

① 다양한 크기의 나무판을 살펴본다.
② 원하는 대로 자유롭게 만들 수 있도록 한다.
③ 작품의 제목을 정하고 이야기를 한다.

4) 임상장면에서의 적용

① 톱이나 망치의 사용 방법을 안내하고 주의하도록 한다.
② 나무의 재질에 따라 쉽게 부서지는 것은 사용하지 않도록 한다.
③ 작업 내용에 따라 한 회기에 마칠 수 없음을 안내하고 장기적인 계획을

세우고 작업하도록 한다.

5) 사 례

(1) 입체 작업

내담자는 중학교 1학년 남학생이다.

● 그림 4-8 ● 나무의 입체 작업

내담자는 나무를 보더니 그림을 그릴 수 있냐고 하였다. 원하는 대로 하라고 하니 크레파스로 남자를 그렸다. 이 사람이 누구인지 그리고 어떤 일이 있었는지에 대해 말하고는 잘라 버리고 싶다고 하였다. 톱으로는 쉽게 잘라지지 않자 물감을 칠하고 싶다고 하였다. 검정색으로 덮고 붉은 물감으로 칠하고 세웠는데 흘러내렸다. 이 사람은 죽었다고 하였다. 속이 시원하다고 하였다. 내담자는 어떤 상황에서 감정적 불쾌감을 경험했고 소리를 질렀지만, 그 상황을 통제할 수 없었다. 힘이 없는 자신과 통제할 수 없었던 상황에 대해 화가 나 있었고, 이 작업을 통해 통제할 수 없는 상황처럼 나무를 자를 수는 없었지만 물감으로 자연스럽게 욕구를 표현하고 카타르시스를 경험할 수 있었다.

(2) 평면 작업

내담자는 초등학교 3학년 여학생이다.

● 그림 4-9 ● 나무의 평면 작업

내담자는 나무를 보더니 그림을 그릴 수 있냐고 하였다. 원하는 대로 하라고 하니 크레파스로 남자를 그렸다. 그리고는 잘라 버리고 싶다고 하였다. 톱을 주었는데 초등학교 3학년 여학생의 힘으로는 쉽게 잘라지지 않았다. 그러자 물감을 칠하고 싶다고 하였다. 검정색으로 덮고 붉은 물감으로 칠하고 세웠는데 흘러내렸다. 이 사람은 죽었다고 하였다. 속이 시원하다고 하였는데 잠시 후에 자기처럼 이렇게 작업하는 사람이 있느냐고 물었다. 그렇게 하는 사람도 있으며 여기서는 마음대로 작업하는 곳이기 때문에 잘 했다고 말해주었다.

7 판화 속의 마음

판화는 고무, 나무나 아크릴, 금속 등으로 만든 판에 모양을 새긴 다음 잉크나 물감 등을 판에 칠하여 종이나 천을 대고 찍어 낸 그림을 의미한다. 판화는 찍어 내기 때문에 간접적인 표현이면서 동시에 복제가 가능하고, 평면과 입체를 동시에 나타내며 재료에 따라 다양한 표현이 가능하다. 또한 판화용 도구를 사용함으로써 내면의 공격성을 승화시킬 수 있으며 창의적인 활동이 될 수 있다.

1) 목 표

내면의 무의식적인 욕구를 표현하고 이해한다.

2) 준비물

고무판, 조각칼, 롤러, 잉크(먹물도 가능) 또는 수채화 물감, 빽붓, 접시, 물통, 도화지

3) 방 법

① 그리고자 하는 내용을 연필로 그린다.
② 조각칼을 사용하여 새긴다.
③ 그림을 새긴 후 물감을 고무판에 붓으로 바른다.
④ 그 위에 도화지를 얹고 롤러로 문지른다.
⑤ 작품이 마음에 들 때까지 재판한다.
⑥ 작품에 대해 제목을 정해 보고 이야기를 나눈다.

4) 임상장면에서의 적용

① 판화의 사용방법을 미리 안내하도록 한다. 둥근칼, 세모칼 등의 예시를

보여 주어 어떻게 새겨지는지 지각하도록 돕는다.

② 초등학교 저학년 아동이나 장애아동도 작업이 가능하나 조각을 할 때는 칼의 앞쪽에 손을 놓아서 상해를 입는 일이 없도록 치료자는 주의해서 관찰해야 한다.

③ 검은색 도화지를 사용할 경우 작품을 통해 다른 경험을 할 수 있으므로 다양하게 표현할 수 있도록 안내한다.

5) 사 례

(1) 초등학생

내담자는 초등학교 4학년 발달장애 여학생이다.

● 그림 4-10 ● 판화 작품

• 그림 4-11 • 판화 작품

고무판에 만화캐릭터를 그렸다. 상해를 입지 않도록 잘 관찰했는데 아동은 조각을 무리 없이 해냈다. 먹물로 색칠을 하고 찍어 보고는 색깔을 쓰고 싶다고 하여 물감을 준비해 주니 오른쪽 작품처럼 색칠하였고, 도화지에 찍혀 나온 모습을 보고 아따맘마 노래를 불렀다. 이름을 붙여 보라고 하니 '아따맘마' 라고 하였다. 내담자는 항상 같은 작업을 반복하려고 하였고, 원하는 작업이 아닐 경우 소리를 지르거나 손바닥을 무는 행동을 하였다. 이 작업을 통해 고무판에 그림을 새기면서 환경에 자기를 표현하는 새로운 경험을 할 수 있었다.

(2) 중학생

내담자는 중학교 1학년 여학생이다.

● 그림 4-12 ● 판화 작품

어두운 숲 속을 혼자서 걷고 있다고 하였다. 양쪽 숲은 매우 우거지지만 무섭지는 않다고 하였다. 오르막길을 가고 있는데 언덕을 넘으면 친구들이 있는 마을이 나올 것이라고 하였다. 내담자는 친구관계에 대해 고민을 하고 있었고 자신의 뜻대로 잘 되지 않아서 스트레스를 많이 받고 있었다. 작품의 의미는 지금은 어둡고 혼란스럽고 외롭지만 자신의 노력으로 긍정적인 결과를 얻을 수 있을 것이란 내면의 믿음으로 보인다. 이 작업을 통해 뜻대로 되지 않는 상황에서의 억압된 감정과 자신의 마음을 자연스럽게 표현할 수 있었다.

8 사포 판화

사포는 종이와 달리 재질이 까칠하며 나무를 연마하는 데 쓰일 뿐만 아니라 그림을 그리기도 한다는 점에서 새로운 경험이 되기도 한다. 또한 사포에 크레파스로 그린 그림은 도화지에 그린 그림보다 선명하여 그림에 대한 성취감을 경험하게 한다.

1) 목 표

① 환경에 대한 융통성을 경험한다.
② 그림에 대한 성취감을 통해 자신감을 높인다.

2) 준비물

사포지, 크레파스나 파스넷, A4 용지, 다리미

3) 방 법

① 사포에 크레파스로 그림을 자유롭게 그린다.
② 그림이 완성되면 A4 용지를 덮고 다리미로 다린다.
③ 완성된 두 작품—사포화, 사포 판화 작품—에 대한 느낌이나 생각을 말한다.
④ 작품의 제목을 붙이고 작품에 대한 이야기를 나눈다.

4) 임상장면에서의 적용

① 사포 판화는 사포화보다 선명하게 그려야 잘 찍혀 나오며 모래그림과 같은 느낌을 제공하기 때문에 작품을 통해 새로운 경험을 할 수 있다.
② 자신의 삶에서 다른 시각이 필요한 일에 대해 탐색해 볼 수 있다.
③ 자신의 꿈이나 미래에 대한 주제를 표현해 봄으로써 그 효과를 확대할 수 있다.

④ 집단에서는 여러 장의 사포지에 하나의 도안을 그려 작업하게 함으로써 개인이 모여 전체가 된다는 것을 경험하게 할 수 있다.

5) 사 례

(1) 개인미술치료

내담자는 40대 후반의 성인 여성이다.

• 그림 4-13 • 사포화

• 그림 4-14 • 사포판화 작품

사포지에는 가족이 함께 놀러 갔었던 장면을 그렸다. 강가에 놀러 갔었는데 텐트도 치고 밤에 고기를 구워 먹었는데 아이들도 좋아하고 정말 재밌었다고 하였다. 다리미를 사용하여 사포 판화로 찍어 보았다. 그림을 보고는 신기하다고 하였다. 그림 내용은 낮으로 보이며 활기가 있어 보인다고 하였다. 사포화는 선명해서 좋고 사포 판화 작품은 모래 느낌이 나면서 재미있다고 하였다. 내담자는 성장한 자녀들에게, 바쁜 남편에게 자기가 필요 없는 것 같다는 생각이 들어서 짜증이 심해지고 우울해졌다고 하였다. 이 작업을 통해 가족에게서 자신의 역할은 중요했었고 이제 긍정적으로 바라보고 가족이 아닌 자신의 욕구를 보는 것이 필요하다고 인식하게 되었다.

(2) 집단미술치료

내담자는 초등학교 3학년과 4학년 여학생이다.

● 그림 4-15 ● 사포화

사포지의 윤곽선을 보고는 서로 다르다고 하면서 궁금해 하다가 한 명이 물고기라는 것을 인식하고 말하자 모두들 수긍하였다. 그래서 작품은 바닷속 물고기 그림으로 완성하였다. 작품을 모아서 하나로 모으고 즐거워하였다. 개인별로 이야기를 만들어 보도록 하였다. 한 여학생은 작은 물고기들이 큰 물고기를 보고 놀라서 조용히 도망을 간다고 하였다. 어머니의 잔소리가 싫어서 어머니가 집에 오면 방으로 들어가 버린다고 하였다. 다른 여학생은 큰 물고기가 어미 물고기인데 아기 물고기를 데리고 놀러 간다고 하였고 기분이 좋다고 하였다. 다른 이 작업을 통해 내면의 심리상태를 자연스럽게 표현하였으며 공동 작업을 통해 여러 작품이 하나의 새로운 작품이 될 수 있다는 것을 경험하고 협동할 수 있었다.

9 콜라그라프

판화는 크게 볼록판, 오목판, 평판, 공판, 콜라그라프, 모노타입, 입체판, 영상판 등으로 구분할 수 있다. 볼록판의 대표적인 판종으로는 목판화, 오목판의 대표적인 판종으로는 동판화, 평판의 대표적인 판종을 석판화, 공판의 대표적인 판화는 스크린 판화를 들 수 있다. 콜라그라프 판화는 판법으로는 지판화에 속하며 판화의 종류로는 볼록판화에 속한다. 콜라그라프 판화의 Collagrap란 용어는 그렌 알프스(Glen Alps)가 만들어 낸 것으로 접착제를 뜻하는 희랍어의 'colla' 또는 불어의 'coller'(붙이다)에서 따온 'colla'와 'Printing' 된 것을 가르치는 영어의 'graphic'을 합성한 말이다(오현철의 판화세계, 2011).

1) 목 표

에너지를 표출하고 자유 작업을 통해 창의적인 표현을 돕고 새로운 시도를 경험한다.

2) 준비물

마분지, 가위, 칼, 풀, 도화지, 잉크나 물감, 롤러, 신문지, 도화지, 바렌, 크레파스

3) 방 법

① 마분지에 그리고 싶은 것을 그려서 오려 낸다.
② 도화지나 마분지에 오려 낸 그림을 붙인다.
③ 작품이 완성되면 판에 잉크나 물감을 바른다.
④ 도화지를 덮어서 바렌이나 손으로 문질러 찍어 낸다.
⑤ 마음에 드는 작품이 나올 때까지 찍어 본다.
⑥ 작품의 제목을 정하고 이야기를 나눈다.

4) 임상장면에서의 적용

① 마분지에 그림을 그리고 칼로 오려 낸 후 아래에 도화지를 대고 물감을 칠하는 방식으로 적용할 수 있다. 색칠한 후 배경을 그림으로 그릴 수 있다.

② 천, 실, 노끈 등 여러 가지 콜라주 재료를 함께 붙일 수 있다.

③ 작품에 표현된 주인공을 대상으로 사고, 감정, 행동에 대해 탐색해 볼 수 있다.

5) 사 례

내담자는 초등학교 3학년 발달장애 아동이다.

● 그림 4-16 ● 콜라그라프

그림을 그릴 때는 항상 강한 힘이 들어가 진하게 색칠이 되었다. 판화 작업을 통해 도구를 사용하여 에너지를 표현하도록 하였다. 고양이, 토끼와 함께 내담자가 좋아하는 인형인 미키 마우스와 미니 마우스를 그리고, 좋아하는 모양인 별과 하트를 그렸다. 칼로 오려 낼 때는 치료자가 도와주었고 크레파스로 색칠하였다. 써 놓은 이름을 여러 번 읽었고 고양이와 토끼는 학교에 간다고 하였다. 학교에 가서 '무엇을 할까?' 하고 물으니 '공부'라고 말하였다. 다른 질문에는 답하지 않았다. 내담자는 손가락을 눈앞에서 흔드는 상동행동을 하거나 손톱을 뜯기도 하였으며, 원하는 대로 되지 않을 때는 소리를 지르기도 하였다. 이 작업에서 그림을 그린 후 좋아하는 캐릭터를 보고 손을 흔든 후 도구를 사용할 때는 상동행동을 하지 않았으며 소리도 지르지 않고 집중해서 하였다.

10 스크래치 그림

유레카(Eureka)란 삶에서 깨달음이나 인식의 순간에 쓰는 표현이다. 심리치료나 상담에서는 통찰(insight)이라는 용어와 유사한 의미가 있다. 통찰은 정신분석에서 병리적 행동의 무의식적 동기를 새롭게 이해하는 것으로 일상에서의 반복적인 삶의 방식에서 벗어나 새로운 관계에서 변화를 경험하면서 발생한다. 미술치료는 매체라는 환경과의 관계에서 새로운 시도를 경험하게 하며 통찰을 가져올 수 있다.

1) 목 표

① 내면의 에너지를 자유롭게 표출한다.
② 감정이나 생각을 억압하지 않고 표현하는 것의 중요성을 인식한다.

2) 준비물

도화지, 크레파스, 포스터 물감/아크릴 물감, 붓, 물통, 팔레트, 샤프

3) 방 법

① 도화지의 면을 원하는 대로 나누어 원하는 색의 크레파스로 색칠한다.
② 검정색 아크릴 또는 포스터 물감을 세제와 섞어서 덮어 칠한다.
③ 물감이 마르는 동안 도화지에 그리고 싶은 그림을 스케치해 본다.
④ 그림을 그린 후 샤프 끝을 이용해서 긁어낸다. 그림의 주제 부분을 뺀 나머지를 긁어내도록 한다.
⑤ 작품의 제목을 정하고 이야기를 나눈다.

4) 임상장면에서의 적용

① 작업을 통해 예상과 달랐던 삶에서의 반전에 대해 탐색해 보도록 한다.

② 현재 경험하고 있는 문제를 다른 관점에서 바라볼 수 있도록 한다. 남편의 입장, 자녀의 입장, 상사의 입장 등 타인의 시각에서 문제를 인식하고 표현함으로써 재경험할 수 있다.

5) 사 례

내담자는 초등학교 1학년 여학생이다.

• 그림 4-17 • 스크래치 그림

내담자가 크레파스로 색칠하는 동안 어머니는 바라보고만 있자 딸이 어머니를 바라보았다. 작업을 권하자 딸을 보며 머쓱하게 웃은 후 색칠을 함께 시작하였다. 딸은 빨간색, 보라색 등을 칠하였고 엄마는 노란색, 파란색 크레파스로 칠하였다. 가득 채운 다음 그 위를 덧칠하는 것을 꺼리다가 그래도 해 보겠다고 하며 색칠하였고 어머니도 힘을 주어 칠하는 모습을 보였다. 사람을 먼저 그리고 길을 그리고 해와 구름도 그렸다. 딸이 만든 이야기는 사람들이 길을 가다가 토끼를 보고 잡으려고 달려간다고 하였다. 토끼는 깡충깡충 뛰어서 잘 도망갔다고 하였다. 그림을 그리고 이야기를 한 후 재미있다고 반응하였다. 내담자는 학교생활에서 소극적이고 친구들이 괴롭혀도 친구들이 자신을 싫어할까봐 반응을 하지 않아서 어머니가 속상해 하였다. 이 작업을 통해 감정이나 생각을 표현하지 않고 덮어버리는 것보다는 스크래치화처럼 표현하는 것이 중요하다는 것을 인식하게 되었다.

11 파스텔 염색화

천이나 머리카락 등에 염료를 써서 물을 들이는 것을 '염색' 이라고 한다. 염색되는 물질의 종류, 형태와 사용되는 염료의 종류에 따라 염료의 농도, 첨가된 약품의 질과 양, 담그는 온도, 염색 시간 등에 차이가 있다. 파스텔 염색은 파스텔을 사용하여 그림을 그리고 다림질로 간편하게 염색하는 방법이다.

1) 목 표

염색을 통해 자기를 표현하고 성취감을 경험한다.

2) 준비물

천(면 가방이나 옷), 염색용 파스텔, A4 용지, 다리미

3) 방 법

① 적당한 크기의 천을 선택하고 원하는 그림을 그린다.
② 그림 위에 A4 용지를 얹고 다리미로 다린다.
③ 완성된 염색 작품에 대해 이야기를 나눈다.

4) 임상장면에서의 적용

① 여러 단계의 염색이 아닌 간편한 염색을 통해 자신의 고정관념이나 틀에 대해 생각해 볼 수 있다.
② 고정관념이나 가치관으로부터 불편했던 점을 탐색하고 새로운 방식을 생각해 볼 수 있다.

5) 사 례

내담자는 40대 초반의 성인 여성이다.

● 그림 4-18 ● 파스텔 염색화

내담자는 파스텔 색깔을 하나씩 꺼내어 하트를 하나씩 그렸다. 그리고 다시 하나씩 꺼내어 색칠하였다. 그림이 완성이 된 후 다림질을 하고 한쪽 모서리를 씻어 보도록 하였는데 색깔이 안 빠진다며 신기하다고 하였다. 작품에 대해 이야기를 하였는데 여러 개의 하트가 왼쪽 모서리의 하트를 바라보고 있다고 하였다. 분홍색 하트가 꼭 자기 같다고 하였다. 아이도, 남편도, 친정 부모님도 자기만 바라보고 있는 것 같다며 너무 지친다고 하였다. 내담자는 아들이 학교에서 친구들과 잘 어울리지 못하여 걱정이 되었지만 자기에게 문제가 있다고 느꼈다. 이 작업을 통해 자신의 상황을 표현하고 무엇이든 자기 뜻대로 알아서 다하고 자기 생각이 옳다고 판단하면 주장을 굽히지 않는다고 하였다. 이로 인해 가족들이 힘들었을 것 같다고 하고 염색처럼 어렵게 생각하지 말고 단순하게 생각하여야겠다고 표현하였다.

12 쿠킹 호일 그림

환경에는 많은 대상들이 존재한다. 같은 대상에게는 자주 같은 방식으로 접근한다. 어떤 계기로 새로운 시각을 갖게 된다면 새로운 방식으로 접근할 것이다. 이것이 창의적 사고라 할 수 있다. 창의적 사고는 창의력, 창조성, 독창성, 독창력을 포함하는 포괄적인 개념으로 자신과 타인의 행복을 위하여 사회와 문화에서 가치를 부여할 수 있는 물건이나 아이디어를 만들어 내는 것뿐만 아니라(김수향, 2003), 문제를 해결하기 위하여 아이디어를 내고 새로운 의견을 생각해 내는 능력(Torrance, 1963) 또는 일에 대한 헌신, 발견해 내려는 열망이라고 할 수 있다. 새로운 시각은 도전을 낳고 변화를 통해 삶을 경험할 수 있다.

1) 목 표

실생활의 물건을 사용하여 창의적으로 표현함으로써 환경에 대한 새로운 시각을 경험한다.

2) 준비물

쿠킹 호일, 유성 매직, 가위, 풀, 도화지, 색연필, 사인펜

3) 방 법

① 쿠킹 호일 사용 방법에 대해 안내한다.
② 쿠킹 호일을 이용하여 자유롭게 표현하도록 한다.
③ 제목을 정하고 이야기를 나눈다.

4) 임상장면에서의 적용

① 쿠킹 호일에 그림을 그리고 잘라서 도화지에 붙이고 배경을 꾸밀 수 있다.

② 쿠킹 호일을 말거나 접어서 입체적인 모양으로 만들 수 있다.

③ 쿠킹 호일은 쉽게 구겨지거나 찢어질 수 있다는 것에 대해 안내하거나 주의해서 다루도록 한다.

5) 사 례

내담자는 발달장애 아동으로 초등학교 1학년 남학생이다.

● 그림 4-19 ● 쿠킹 호일 그림

쿠킹 호일이 원하는 크기로 잘라지는 것에 대해 신기하게 여겼다. 처음 호일에 여러 개의 도로를 그리고 색칠까지 하였는데 구멍이 나서 내담자가 구겼다. 그래서 다른 호일을 잘라 주었다. 노란색으로 해야지 하고 선을 그었는데 선이 보이지 않자 파란색을 선택하여 그림을 그렸다. 자동차 도로를 그리고 그 사이에 밭을 그렸다. 내담자는 기차와 자동차를 선호하여 기찻길과 도로를 그리거나 점토에 바퀴 자국을 내는 놀이를 좋아하였다. 초기 그림에서는 어느 것이 도로이고 기찻길인지 분명하지 않았으나 안정적인 모습을 보이고 있는 시기의 작품으로 새로운 매체에 대해 신기하다는 반응을 보였고, 호일의 바탕색과 유성 매직의 색을 어떻게 선택하여야 하는지 경험할 수 있었다.

⑬ 색종이 그림

임상장면에서 만나는 청소년들에게서 무엇이든 마음대로 해도 된다고 하여도 무엇을 어떻게 해야 할지 모르겠다고 말하는 것을 가끔 듣게 된다. 이때 치료자는 매체를 선택할 수 있도록 제시하거나 치료기법을 안내할 필요가 있다. 청소년 내담자를 위해 안내해 볼 수 있는 기법 중의 한 가지가 색종이 찢기 작업이다. 색종이는 색이 있는 종이로 색의 자극을 제공할 수 있으며, 색종이하면 '색종이 접기' 를 떠올리는데 색종이 찢기를 통해 사고의 전환을 경험할 수 있다.

1) 목 표

① 마음대로 찢어 보는 활동을 통해 공격적 감정 등 내면의 감정들을 표현하는 것을 촉진한다.
② 색종이 조각을 마음대로 붙이는 활동을 통해 무의식적 욕구, 사고를 탐색한다.

2) 준비물

색종이, 잡지, 도화지, 풀

3) 방 법

① 색종이를 원하는 대로 찢어 보도록 한다. 머뭇거리는 경우, 치료자가 색종이를 찢는 모델링 모습을 보여 줄 수도 있다.
② 색종이 조각들을 활용하여 도화지에 원하는 대로 붙이도록 한다.
③ 완성이 되면 작품에 대해 이야기를 나눈다.

4) 임상장면에서의 적용

① 싫어하는 색이나 좋아하는 색, 아니면 두 가지 모두를 선택하여 찢어 볼 수 있다.

② 색종이가 아닌 잡지를 활용할 수도 있다. 잡지를 낱장으로 분리해 두면 낱장을 마음 가는 대로 선택하거나, 싫어하거나 좋아하는 내용을 선택하여 찢는 작업을 하고 조각을 붙이는 활동으로 이어 갈 수도 있다.

③ 색종이를 찢을 때 기분이 어떤지 물어본다.

④ 작품에 대해 무엇처럼 보이는지 묻는다. 작품의 내용이 사람이 아니라면 의인화를 하여 무엇을 하고 있는지, 기분은 어떤지, 무슨 생각을 하고 있을지 탐색해 보도록 한다.

5) 사 례

내담자는 중학교 2학년 여학생이다.

• 그림 4-20 • 색종이 그림

치료자가 소리를 내며 큼직하게 찢는 모습을 시범으로 보여 주었지만, 내담자는 색종이를 천천히 얌전히 찢었다. 몇 장을 찢지 않았고 다했다고 하며 하나씩 하나씩 붙여 나갔다. 무엇처럼 보이느냐고 물었더니, 모르겠다고 하였다. 그래서 치료자가 보기에는 오른쪽을 보고 있는 사람처럼 보인다고 말하자 고개를 끄덕였다. 남자인 것 같고 아빠가 떠오른다고 하였다. 아빠가 좋을 때와 싫을 때에 대해 물어보니 자기들 얘기를 잘 들어 줄 때는 좋지만 술을 자주 마시고 엄마와 싸우는 것이 싫다고 하였다. 내담자는 내향적인 성향으로 최근 짜증을 많이 내고 학교에 가기 싫다고 하여 방문하였다. 어릴 때부터 경험해 온 부모 갈등의 영향으로 대인관계에서 적극적이고 긍정적이기보다는 다소 부정적으로 표현하고 있었다. 이 작업을 통해 억압되어 있던 부모에 대한 감정을 탐색할 수 있었다.

14 한지 작업

종이는 수제지(手製紙)와 기계지(機械紙)로 나눌 수 있는데 기계지는 보통 우리가 쓰는 종이를 말하며 '양지(洋紙)' 라고 한다. 한지는 한국에서 닥나무 껍질 등의 섬유를 원료로 하여 손으로 뜬 종이로서, 중국의 수제지인 화지(華紙)나 일본의 수제지인 화지(和紙)와 구별하여 지칭한 것이다(브리태니커, 2012). 한지는 자연성과 흡수성이 좋으며 촉감이 부드럽고 질기며 여유로운 생활정서를 느낄 수 있어 다양한 감정 표현을 도울 수 있다(고현, 유시덕, 이정남, 이현희, 백현옥, 이창호, 정선주, 2008).

1) 목 표

① 억압된 감정의 표출, 감정의 조절과 승화를 경험하게 한다.
② 약하면서도 질긴 성질로 인하여 촉진과 통제라는 양면적인 특성을 표현하도록 돕는다.

2) 준비물

한지, 가위, 풀, 색종이, 풍선, 신문지, 먹물, 물감 등 다양한 재료

3) 방 법

① 풍선을 얼굴 크기로 적당히 불어서 신문지를 바른다.
② 신문지가 마르면 그 위에 원하는 색의 한지를 붙인다.
③ 그 위에 한지나 색종이 등으로 눈, 코, 입, 귀, 머리카락 등을 붙인다.
④ 작품의 제목을 정하고 나누기를 한다.

4) 임상장면에서의 적용

① 풍선에 신문지를 붙이는 것을 전 시간에 해두거나 치료자가 미리 준비

를 해 두어 치료시간을 조절할 수 있다.

② 내담자가 아동일 경우 풍선을 가지고 배구 놀이를 하여 작업에 대한 흥미를 높인 후 본 작업으로 들어가는 것도 도움이 된다.

③ 풍선이 얇을 경우 쉽게 터질 수 있으므로 놀라거나 좌절감을 느끼지 않도록 안내한다.

④ 작품에 표현된 사람의 기분과 생각이 어떠한지, 무엇을 하고 싶은지 질문을 통해 자신의 마음을 탐색해 보도록 한다.

⑤ 한지를 사용하여 평면 작업을 할 경우 락스를 사용하여 그림을 그릴 수 있다. 다양한 시도는 삶에서의 새로운 시각과 도전으로 이어질 수 있다.

5) 사 례

내담자는 80세 노인 여성이다.

• 그림 4-21 • 한지 작업

신문지를 발라 놓은 풍선을 다른 집단원이 할머니에게 던져 주니 잘 받으셨다. 할머니는 처음에는 신문지가 떨어진다면서 짜증을 내었다. 한참 붙이더니 다른 탄탄한 것으로 해야겠다면서 다른 풍선에 다시 한지를 붙였다. 웃고 있는 모습이라고 하며 웃는 게 제일 예쁘다고 하였다. 작품에 대해 소개할 때는 박수를 크게 치고 즐거워하였다. 내담자는 남편과 사별 후 혼자 살고 있었는데 화를 잘 내며 타인이나 환경에 대해 비난하는 말을 자주 하였다. 삶에 재미가 없고 아프지 않고 세상을 뜨면 좋겠다고 하였다. 신문지가 떨어지는 풍선을 통해 환경에 대한 불만을 표현하고 원하는 대로 하였으며, 한지를 붙이는 과정에서 한지의 재질로 인하여 감정이 정화되어 행복하고자 하는 자신의 바람을 자연스럽게 표현한 것으로 볼 수 있다.

15 석고붕대 작업

석고붕대는 리콘이나 알지네이트 등의 위에 사용하여 본이나 틀을 고정시킬 때 쓰이는 것으로, 석고가루를 얇은 붕대에 덧붙여 굳힌 재료다(다음 백과사전, 2012). 석고가루는 물과 섞어 죽 형태로 만들어 다양한 입체 모양으로 만들 수 있다. 석고붕대는 붕대를 조각으로 잘라서 물을 발라서 손 등이나 얼굴 등 틀에 붙여서 사용하기 편리하다.

1) 목 표

손이나 얼굴의 본을 떠서 신체에 대한 이미지를 표현하고 감정, 사고를 탐색한다.

2) 준비물

석고붕대, 가위, 대야, 포스터 물감이나 아크릴 물감, 붓, 팔레트

3) 방 법

① 내담자는 손을 어떤 자세를 취할지 결정한다.
② 석고붕대를 조각으로 잘라 물을 발라서 손등에 붙인다.
③ 여러 겹 붙여서 쉽게 떨어지지 않도록 한다.
④ 손등과 손가락에 모두 붙이고 마를 때까지 기다린다.
⑤ 포스터 물감으로 색칠할 수 있다.
⑥ 작품의 제목을 정하고 나누기를 한다.

4) 임상장면에서의 적용

① 손등은 석고붕대를 크게 잘라서 사용하고 손가락은 작게 잘라서 여러 겹 붙이도록 한다. 석고가 마른 다음 손등에서 떼어낼 때 세게 힘을 가

하면 부서질 수 있으므로 주의한다.

② 지금까지 열심히 노력하며 움직여 온 손에 대해 어떠한 마음이 드는지 물어본다.

③ 이 손은 무엇을 하고 싶은 지에 대해서도 알아본다.

④ 손과 관련된 경험에 대해서도 이야기해 볼 수 있다.

5) 사 례

내담자는 중학교 3학년 남학생이다.

● 그림 4-22 ● 석고붕대 작업

잘라 놓은 석고붕대를 손등에 붙이고 마르는 동안 손과 관련된 경험에 대해 이야기를 하였다. 손으로 밥을 먹고 컴퓨터 게임을 하고 물건을 들기도 한다고 하였다. 손으로 그림도 그리고 공부도 하고 누군가와 악수를 하기도 한다고 하였다. 잘한 것은 그림을 그리는 것과 힘든 사람을 도운 일이라고 하였다. 더 잘하고 싶은 것은 공부도 잘하고 싶고 친구 관계도 좋아졌으면 좋겠다고 하였다. 다음 회기에 또 다른 손을 만들고 팔씨름이라고 제목을 붙였다. 친구와 팔씨름하는 것이며 재미있겠다며 학교에 가서 해 봐야겠다고 하였다. 내담자는 소극적이고 친구 관계에서도 자기표현을 거의 하지 않아 답답하게 느끼고 있었다. 이 작업을 통해 자기에 대해 긍정적으로 인식하고 표현할 수 있었으며 친구 관계에서도 적극적으로 노력해 보려는 의지를 인식할 수 있었다고 본다.

16 끈 난화

Winnicott은 난화기법(squiggle)을 자신이 만난 7세 아동에게 적용하였다. 도화지에 짧고 불규칙적인 곡선을 그려 주고 그것을 이용하여 형태를 만들어 보도록 하여 성인들이 이해할 수 없었던 아동의 내면을 탐색할 수 있었다 (Winnicott, 1984). 난화는 치료에 대한 방어를 감소시키고 내담자의 무의식적인 욕구를 탐색할 수 있다.

1) 목 표

① 무의식적인 욕구나 사고를 표현하고 의식화한다.
② 방어를 감소시키고 미술작업에 대한 흥미를 높인다.

2) 준비물

도화지 2장, 끈(운동화끈, 털실, 면실 등), 물감, 붓, 접시, 물통, 색연필이나 사인펜, 마커

3) 방 법

① 원하는 물감을 선택하여 접시에 필요한 만큼 준비한다. 물을 적당히 넣어서 섞는다.
② 접시의 물감에 끈을 놓고 붓을 사용하여 끈 전체에 물감을 바른다.
③ 물감이 마르기 전에 도화지에 마음대로 끈을 놓는다.
④ 그 위에 다른 도화지를 얹어서 찍어 낸다.
⑤ 물감이 마른 후 숨은 그림을 찾아본다.
⑥ 찾은 그림에 색연필이나 사인펜 등을 활용하여 형상화한다.
⑦ 제목을 붙이고 이야기를 나눈다.

4) 임상장면에서의 적용

① 끈의 종류나 길이를 스스로 선택하여 욕구를 표현할 수 있도록 한다.

② 집단 활동에서는 끈 난화가 만들어지면 가운데 모아 두고 그중에서 마음에 드는 하나를 선택해서 작업을 해 볼 수 있다. 또는 뒤집어 놓고 무작위로 선택하여 작업을 할 수도 있다.

③ 형상화된 내용에 대한 사고, 행동, 감정에 대해 질문함으로써 의식화 작업을 돕도록 한다.

④ 형상화된 내용이 몇 가지가 된다면 그 소재를 가지고 이야기를 만들게 할 수 있다.

5) 사 례

내담자는 중학교 3학년 여학생이다.

• 그림 4-23 • 끈 난화

내담자는 물감에서 노란색을 선택하여 팔레트에 짜고 털실에 색을 칠하였다. 그리고 첫 번째 찍어낸 작품은 번져서 마음에 들지 않는다고 하고 다시 하였다. 이 작품의 제목은 '날고 싶은 말'인데 말이 자신의 다리를 날개처럼 흔들고 있고 날고 싶어 한다고 하였다. 자신도 말처럼 자유롭고 싶은데 그렇게 되지 않는다고 하였다. 그 이유를 물으니 아빠가 허락하지 않아서 엄마를 보러 갈 수 없어서 정말 많이 답답하다고 말하였다. 내담자가 초등학교 때 부모가 이혼을 하고 아버지와 함께 살고 있었으나 어머니에 대한 그리움이 컸다. 이 작업을 통해 어머니에 대한 내담자의 마음과 말이 다리를 날개처럼 흔들 듯 원하는 대로 할 수 없는 것으로 인한 슬픔, 아버지에 대한 불만을 표현할 수 있었다.

17 수수깡 작업

수수깡을 부러뜨리는 놀이는 유아의 소근육 발달에 도움이 되며 독특한 소리는 흥미를 높일 수 있다. 긴 수수깡을 원통에 담아 보거나 색깔을 분리하거나 길이의 비교에도 쓰일 수 있다. 가벼워서 물에 띄워 놀이를 할 수 있다. 20개월이 지나면 단순히 부러뜨리는 놀이보다는 만들기를 할 수 있다. 여러 가지 원하는 형태를 만들어 볼 수 있다(색다른 시선으로 세상보기, 2012).

1) 목 표

공격적 에너지를 표출하고 창의적인 사고를 기른다.

2) 준비물

수수깡, 칼, 수수깡 연결핀, 글루건

3) 방 법

① 수수깡을 부러뜨리거나 던지기 놀이를 한다.
② 수수깡으로 무엇을 만들지 생각한다.
③ 수수깡으로 자유롭게 표현한다.
④ 작품의 제목을 정하고 이야기를 나눈다.

4) 임상장면에서의 적용

① 단순히 부러뜨리거나 잘라 보는 놀이만으로도 공격적 에너지를 표현할 수 있다.
② 수수깡이 견고하지 못하여 쉽게 부러질 수 있는 특징이 있으므로 좌절 경험이 되지 않도록 유의한다.

5) 사 례

내담자는 초등학교 5학년 남학생이다.

● 그림 4-24 ● 수수깡 작업

내담자는 수수깡으로 어머니의 침대를 만들었다. 어머니가 쉴 수 있는 침대이며 옆에 달린 것은 정수기로 어머니가 자다가 목이 마르면 물을 마실 수 있도록 달아 놓은 것이라고 하였다. 어머니가 보고 싶으냐고 물으니 그렇다며 고개를 끄덕였다. 전화 통화를 했었는데 방학 때 보러 온다고 했지만, 최근 몇 년 동안 만난 적이 없어서 잘 모르겠다고 하였다. 내담자가 초등학교 1학년 때 부모가 이혼한 후 아버지와 함께 살면서 어머니를 자주 만날 수 없었다. 이 작품을 통해 내담자는 표현하지 못했던 어머니에 대한 그리움을 표현하였으며, 함께 살지 못하는 상황에 대한 슬픔을 상징적으로 표현한 것으로 본다.

18 퍼니콘 작업

퍼니콘은 3cm의 크기의 원기둥 모양으로, 전분과 식용색소로 만들어 누구나 안전하게 사용할 수 있다. 퍼니콘은 뻥튀기 과자 같은 질감을 가지고 있어서 힘을 주어 누르면 부피가 줄어든다. 퍼니콘은 별도의 접착제 없이 풀이나 물을 이용하여 서로 붙일 수 있고, 수분이 닿으면 그 부분이 녹으면서 점성이 생긴다.

1) 목 표

쉽고 간단하게 원하는 작품을 만듦으로써 성취감을 경험한다.

2) 준비물

퍼니콘, 물과 면봉(또는 글루건이나 풀)

3) 방 법

① 퍼니콘의 사용 방법을 안내한다.
② 원하는 대로 형태를 만든다.
③ 작품의 제목과 정하고 이야기를 나눈다.

4) 임상장면에서의 적용

① 물에 쉽게 녹아내리므로 좌절감을 경험하지 않도록 하기 위해 글루건을 사용할 수 있다.
② 도화지에 붙여서 입체적인 작품을 만들 수 있다.
③ 작업 후 매체를 선택한 이유나 매체의 느낌에 대해 탐색할 수 있다.

5) 사 례

내담자는 초등학교 2학년 남학생이다.

● 그림 4-25 ● 퍼니콘 작업

내담자는 첫 회기에 퍼니콘을 선택하여 작업을 하였다. 그런데 물에 쉽게 녹아서 원하는 대로 잘 되지 않았다. 기린을 만들었는데 노인이라고 하였다. 무슨 생각을 하는 것이냐고 물으니 죽었기 때문에 아무 생각이 없다고 하였다. 더 이상 이야기를 하지 않았다. 프로그램의 마지막 회기에 무엇을 만들까하는 질문에는 자신이 만든 작품을 보고는 기린을 만들 것이라고 하였다. 훨씬 더 튼튼하게 만들었고 젊은이라고 하였다. 젊은이가 길을 가다가 늙은 노인을 만났고 업어 주었다고 하였다. 어머니의 보고에 따르면 내담자는 산만하고 멍한 모습을 자주 보이며, 자신이 해야 할 일에 대해 책임감을 가지고 해내지 못한다고 하였다. 퍼니콘 작업을 통해 내담자는 첫 회기와 달리 튼튼한 자신의 상징을 표현할 수 있었으며 성취감을 느낄 수 있었다.

⑲ 폼 클레이 작업

폼 클레이는 작은 공 모양의 알갱이가 반죽처럼 뭉쳐져 있어 독특한 질감을 갖는 재료다. 유동성을 갖는 특유의 질감을 이용하여 재미있는 표현이 가능하다. 시간이 흐르면 색 반죽과 알갱이가 분리되는 경향이 있지만, 매체의 자연스러운 현상이며, 손으로 다시 뭉쳐 주면 고르게 펴진다. 탱탱 클레이보다 조작이 단순하여 간단한 모양을 만들거나 물건을 장식하는 데 사용할 수 있다.

1) 목 표

① 긴장감을 감소시킨다.
② 간단하게 작품을 만들 수 있어 성취감을 경험한다.

2) 준비물

폼 클레이, 도화지

3) 방 법

① 폼 클레이를 가지고 만져 본다.
② 충분히 만져 본 다음 원하는 대로 형태를 만들거나 도화지에 그림을 그리고 폼 클레이를 붙여 본다.
③ 작품의 제목을 정하고 이야기를 나눈다.

4) 임상장면에서의 적용

① 너무 질다고 느낄 땐 클레이를 넓게 편 다음, 수분을 말려서 사용하면 된다.
② 탱탱 클레이와 함께 작품을 만들 수 있다.
③ 다양한 도안을 준비하여 내담자가 선택하여 작업하도록 할 수 있다.

④ 폼 클레이의 느낌에 대해서도 이야기를 나눌 수 있다.

5) 사 례

내담자는 7세 유치원생 여자 아이이다.

● 그림 4-26 ● 폼 클레이 작업

내담자는 폼 클레이를 처음에는 주물럭거리며 가지고 놀다가 머리띠를 만들겠다고 하여 어머니와 함께 머리띠를 만들었다. A4 용지 위에 머리띠라고 쓰고 어머니의 이름을 쓰고 어머니의 것이라고 하였다. 어머니가 예쁘게 잘 만들었다고 칭찬하였다. 내담자는 동생이 태어나기 전에는 가족이나 친척 모두에게 관심을 받았는데 아들이 태어난 후 자신에게는 관심을 갖지 않는다고 느끼게 되었다. 아기처럼 행동하고 짜증을 내거나 떼를 쓰는 행동이 잦아져서 치료실을 방문하였다. 이 작업을 통해 자신이 하고 싶은 대로 매체를 주물럭거리는 활동을 통해 긴장감을 해소하고 원하는 형태의 모양을 만듦으로써 성취감을 경험할 수 있었다고 본다.

20 탱탱 클레이 작업

탱탱 클레이는 밝고 선명한 색상에 촉감이 부드럽고 가벼워 클레이 작업에 다양하게 사용된다. 탄성이 뛰어나서 마른 뒤에는 탱탱 볼처럼 사용할 수 있고, 완전히 마르기 전에 물을 살짝 뿌려 반죽하면 다시 말랑말랑해져서 재사용이 가능하다. 너무 질다면 클레이를 넓게 편 다음 수분을 말려서 사용해도 좋고, 마르고 나면 더욱 가벼워지고 견고해져서 완성도가 높아 보이는 재료다(중앙일보, 2011. 09. 07.).

1) 목 표

이완을 돕고 방어를 감소시키며 무의식의 의식화를 돕는다.

2) 준비물

탱탱 클레이, 도구

3) 방 법

① 다양한 색깔을 충분히 만져 보고 당겨 보고 찢어 보기도 한다.
② 충분히 만져 본 후 원하는 형태를 만든다.
③ 작품의 제목을 붙이고 이야기를 나눈다.

4) 임상장면에서의 적용

① 탱탱 클레이는 색깔이 서로 잘 섞이고 쉽게 붙는 장점도 있지만 이것이 단점이 되기도 한다. 유의할 수 있도록 안내할 수 있다.
② 내담자에 따라서는 냄새가 난다며 싫어하는 경우도 있다.
③ 폼 클레이 등과 함께 작업할 수 있다.

5) 사 례

내담자는 초등학교 6학년 남학생이다.

● 그림 4-27 ● 탱탱 클레이 작업

탱탱 클레이를 만지다가 드래곤을 만들기 시작하였다. 만들면서 더 필요한데라는 표현을 하였고 그래도 된다고 하여도 눈치가 보인다는 말을 반복하였다. 어머니가 걱정을 하고 있어서 공부는 하기 싫은데 자기가 학원을 그만두지 못하고 있다고 하였다. 날개를 만들다가 같은 쪽 날개를 2개 만드는 바람에 다시 만들게 되어서 완성하지 못하고 마쳤는데 다음 회기에 이어서 작업하기로 했지만 그 후 작품에 대해 관심을 갖지 않았다. 내담자는 학교에 입학하기 전 조부모에 의해 양육되었다. 조부모는 애지중지하고 심지어 부모가 꾸중을 못하도록 하여 더 어리광을 부리고 자기 마음대로 되지 않으면 고집을 부리거나 떼를 쓰는 모습을 보였다고 하였다. 이 작업에서 내담자는 매체를 통해 긴장감의 이완을 경험하고 욕구의 조절과 통제 간의 갈등을 표현하였으며 어머니에 대한 불만과 의존적 태도를 인식할 수 있었다.

21 색모래 그림

일정한 형태가 존재하지 않는 모래는 오감 중 손을 통하여 부드럽고 깔깔한 감촉을 전달해 주어 스트레스 해소에 좋으며, 특히 강박 증세나 편집증이 있는 경우와 강한 거부를 하는 아동에게 감정의 완화라는 측면도 강해 널리 활용할 수 있다. 또한 다양한 도구와 함께 이용하여 파거나 긁고 뭉치는 과정을 거치면서 침착성과 집중력의 효과도 기대할 수 있다. 아동들은 제한된 공간에서 이루어지는 활동으로 스스로 독립적인 자유로운 존재감을 느끼며 치료자와 심리적 모자 관계를 갖도록 도와줌으로써 아동이 내면세계에 자연스럽게 접근하기에 용이하다.

1) 목 표

시각적 감각뿐만 아니라 촉각의 감각적 경험을 통해 내적 세계를 자유롭게 표현하게 한다.

2) 준비물

색모래, 상자 또는 다양한 크기의 종이, 종이컵

3) 방 법

① 색모래와 함께 내담자가 원하는 재료를 준비한다.
② 정해진 작업형태나 매체 사용방법이 없으며 내담자에 의해 자유롭게 작업한다.
③ 나누기를 한다.

4) 임상장면에서의 적용

① 집단치료에서 색모래를 이용해 다양한 게임 등 활동이 가능하다.
② 물감, 물, 소금 등 다양한 매체와 함께 사용할 수 있도록 하여 자유로움

을 경험하도록 한다.

③ 유해성이 없는 모래의 준비가 중요하고 유아동의 경우 눈이나 입으로 들어가지 않도록 유의한다.

④ 물과 혼합했을 때 색이 녹아 나오는 모래와 녹지 않는 모래가 있다. 특성을 활용해 이용할 수 있다.

5) 사 례

내담자는 초등학교 3학년 남학생이다.

• 그림 4-28 • 색모래 그림

내담자는 종이컵에 색모래와 물을 혼합하였다. 혼합한 색모래액은 다시 다른 색의 혼합액과 배합하는 작업을 반복하였다. 준비된 색모래를 모두 쓰고 추가로 모래를 요구하였다. 색모래를 제공하자 물통에 모든 색모래를 붓고 붓을 이용해 녹이려는 듯 저었다. 잘 섞였다고 말한 후 비닐판 위에 배합된 색모래액에서 모래만 건져 내어 펼쳐 놓았다. 모래가 부족하다는 말, 모두 부어 버리고 싶다는 말을 하고는 있는 모래를 모두 부었다. 재미있고 기분이 좋다고 하였다. 내담자는 학교생활에서는 학교 숙제나 준비물을 제대로 챙기지 못하여 꾸중을 많이 듣고 있었으며, 친구들이 자기를 싫어한다고 생각하고 있었다. 이 작업을 통해 억압하고 있던 감정들을 표현하듯 색모래를 붓고 꺼내었으며 물과 함께 자유롭고자 하는 욕구를 표출할 수 있었다.

05

북아트 활용

책은 생각이나 사실을 글이나 그림 등으로 겹쳐서 한데 엮어 놓은 것으로 생각이나 감정을 표현하는 도구가 된다. 독서를 하는 것은 생각이나 감정에 대한 공감을 주고받는 방법이기도 하다. 사람의 마음을 하나의 단어나 그림이 아닌 여러 장의 그림으로 다양한 생각과 감정을 표현할 수 있는 것이 책 회화법이다.

1 얼굴책 회화법

여러 가지 감정 표현을 위해 평면으로도 작업할 수 있지만 입체적으로도 작업이 가능하다. 3차원적인 모습은 2차원보다 각각의 얼굴에 집중할 수 있으므로 감정을 표현하기 쉬울 수도 있다. 접고 오리는 활동을 통해 아동의 소근육 발달을 도울 수 있다.

1) 목 표

각각의 면에 감정을 표현하게 함으로써 자유롭게 자기의 발달 과정에서 억압된 감정의 표현을 촉진시키는 데 도움을 준다.

2) 준비물

도화지, 가위나 문구용 칼, 사인펜이나 색연필 등 그림도구

3) 방 법

① 도화지나 A4 용지를 가로로 놓은 후 반(1/2)으로 접은 다음 다시 펼친다.
② 가로로 놓고 가운데를 중심으로 양쪽에서 세로로 1/4씩 접은 다음 펼쳐서 8면을 만든다.
③ 세로로 반을 접은 후 접혀진 가운데 부분의 1/2만큼 가위로 자른다.
④ 삿갓 모양으로 세운 후 접으면 그림과 같은 모양이 된다.
⑤ 가운데 부분을 가위로 자르고 세워 주면 코 모양이 만들어진다.
⑥ 각 면에 최근에 경험하고 있는 주된 감정을 표현하게 한다.
⑦ 각각의 감정에 대해 이야기를 나눈다.

4) 임상장면에서의 적용

① 내담자가 표현한 세 가지 감정에 대해 각각 어떠한 상황에서 그러한 감

정이 표현되는지 인식하게 한다.

② 다양한 상황에서 느껴지는 감정에 대해 치료자는 이해와 공감으로 감정을 정리할 수 있도록 돕는다.

③ 표현된 감정에 대해 내담자는 작업을 통해 공감을 표현할 수 있다. 감정과 관련된 작업을 함으로써 감정을 재경험할 수 있다. 기쁨에서 내담자는 자신이 상을 받았을 때, 기쁘다거나 무엇을 잘했을 때 기쁘다는 표현을 할 수 있는데 이는 과대자기의 표현일 수 있으며 치료자는 허용적 분위기에서 충분히 지지하도록 한다.

④ 슬픔과 화의 경우 2차적 에너지인 공격성이 표현될 수 있으므로 작업을 통해 표출하도록 돕는다.

• 그림 5-1 • 얼굴책 회화법 작업 순서

5) 사 례

내담자는 40대 초반의 여성이다.

• 그림 5-2 • 얼굴책 회화법

내담자는 자신의 얼굴인데 기쁠 때는 딸을 볼 때, 화초를 가꿀 때, 공원에서 아이들이 뛰어노는 것을 볼 때 등이라고 하였다. 슬플 때는 아이들의 불쌍한 모습을 볼 때인데 중국의 지진으로 다친 아이들을 보았을 때 정말 슬펐다며 눈물을 흘렸다. 자신의 감정을 얘기하지 못하고 속으로 삼킬 때 화가 난다고 하였다. 내담자는 아이들과 관련된 활동을 하거나 책을 읽어 주는 봉사활동을 하면서 자기 마음을 잘 표현하고 있다고 생각하고 있었다. 이 작업을 통해 타인에 대해 공감적이지만 자신의 감정 표현에서는 억압적이었다는 것을 인식할 수 있었다(정은주, 2009).

2 기본책 회화법

모리다니(もりたに, 1986)가 제안한 9분할통합회화법은 도화지에 테두리를 그은 후, 화면을 9분할하여 각 칸에 그림을 그리게 하는 방법이다(최외선, 김갑숙, 최선남, 이미옥, 2006). 가족구성원에 대한 표현뿐만 아니라 다양한 욕구를 표현할 수 있는 효과적인 방법 중의 하나다. 그렇지만 임상장면에서 때로는 모두 그려서 채워 넣지 않아도 되는 9칸에 대한 부담감을 표현하기도 한다. 책만들기 기법을 적용한 책회화법은 9칸에 대한 부담을 줄일 수 있으며 각 페이지에만 집중할 수 있기 때문에 내담자의 사고와 감정을 표현하는 데 심리적 편안함을 제공할 수 있다.

1) 목 표

① 내담자의 다양한 욕구를 표현한다.
② 가족, 친구 등 관계 속에서의 욕구, 바람, 갈등을 부담 없이 표현한다.

2) 준비물

8절 도화지나 A4 용지, 사인펜, 색연필, 가위

3) 방 법

① 도화지나 A4 용지를 가로로 놓은 후 반(1/2)으로 접은 다음 다시 펼친다.
② 가로로 놓고 가운데를 중심으로 양쪽에서 세로로 1/4씩 접은 다음 펼쳐서 8면을 만든다.
③ 세로로 반을 접은 후, 접혀진 가운데 부분의 1/2만큼 가위로 자른다.
④ 삿갓 모양으로 세운 후 접으면 그림과 같은 모양이 된다.
⑤ 완성이 되면 각 칸에 치료자가 테두리를 그려 준다.
⑥ 그리고 싶은 것을 자유롭게 표현할 수도 있고, 좋아하는 것, 가족구성원

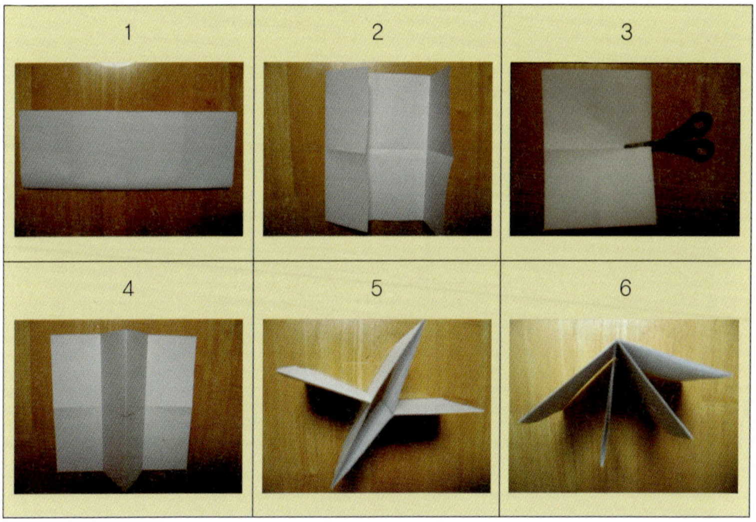

● 그림 5-3 ● 기본책 회화법 작업 순서

에 대한 것, 하고 싶은 일 등 주제를 제시할 수도 있다.

⑦ 표지에 제목을 붙이고 저자, 출판사 등을 쓴다.

⑧ 만든 책에 대해 이야기를 나눈다.

4) 임상장면에서의 적용

① 책 만드는 방법을 알려 주고 내담자가 스스로 책을 만들도록 한다.

② 책의 페이지에 테두리를 그려 줄 때 보이는 면(2쪽)을 한 면으로 그려 줄 수도 있다.

③ 책의 마지막 페이지에는 주제와 관련하여 하고 싶은 말을 써 볼 수 있다. 자신의 감정에 대해 표현했다면 감정을 푸는 방법이라든지, 어머니에 대한 책일 경우 어머니에게 쓰는 편지를 써 볼 수도 있다.

④ 책의 윗부분을 삼각형 모양으로 잘라서 연필 모양의 책을 만들 수 있다. 연필북회화법을 통해 학교생활에 대한 주제로 작업을 해 볼 수 있다.

5) 사 례

내담자는 초등학교 6학년 남학생이다.

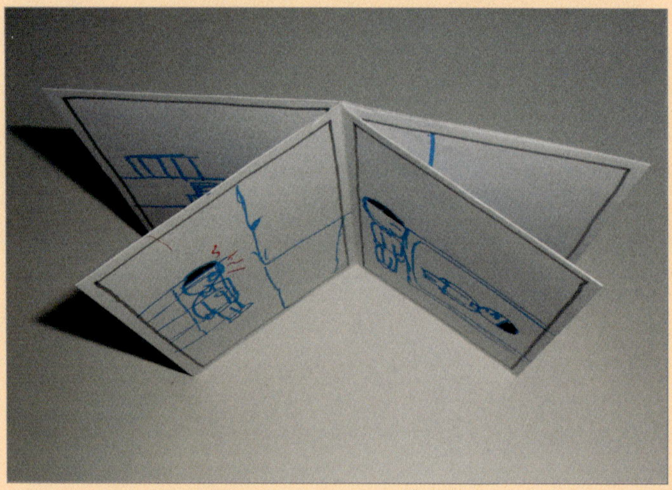

• 그림 5-4 • 기본책 회화법

아버지를 주제로 그림을 그렸는데 첫 번째 장면은 아빠가 일을 하고 와서 피곤해서 헤롱헤롱하는 모습을 그렸고, 또 술과 담배로 구토하는 모습을 그렸다. 자주 보았는지 물으니 그렇다고 하였고 그렇게 하지 않으면 좋겠다고 하였다. 걱정되느냐고 물으니 그렇다고 하였다. 가위바위보 놀이에서 아빠가 유치원생보다 못한다고 말하였다. 그래서 자기가 항상 이겼다고 말하였다(정은주, 최외선, 김갑숙, 2009). 내담자는 한부모 가정의 자녀로 아버지와 함께 살고 있는데 자기 관리가 되지 않았고 지각을 하거나 숙제를 하지 않으며, 학업 성취도도 낮았다. 이 작업을 통해 아버지가 사회적으로 안정적이지 못하고 이상적인 역할을 하지 못하였다는 것을 인식하는 계기가 되었다.

3 매직북 회화법

내담자들은 한 주 동안 좋았던 일에 대해 이야기해 보라고 할 때 똑같았다고 하거나 다른 일 혹은 좋았던 일이 없었다고 하면서 부정적인 이야기를 길게 늘어놓으려 한다. 항상 똑같은 삶은 변화가 없음을 의미하고 그 속에서 긍정적인 면을 찾는 것은 쉬운 일이 아니라고 느끼게 한다. 매직북 회화법은 기본책 회화법에 변화를 준 기법이라 할 수 있다(우경희, 박광철, 2007). 순서를 적어 둔 페이지를 펼칠 때마다 1, 2, 3, 4 순서대로 나오지 않고 섞여서 나올 때 내담자들은 변화의 즐거움을 경험하게 된다.

1) 목 표

① 작은 변화를 통해 삶의 일상을 다르게 경험한다.
② 일상의 생활 속에서 바라는 변화에 대해 탐색해 보고 표현함으로써 욕구의 구체화, 현실화를 한다.

2) 준비물

8절 도화지나 색도화지, 색연필, 사인펜, 투명 테이프, 가위

3) 방 법

① 도화지를 가로로 반으로 자른다.
② 반으로 자른 용지를 1/2로 접은 후 다시 편다.
③ 가운데를 중심으로 마주 접은 후(대문접기) 다시 편다.
④ 칼이나 가위로 가운데 부분을 그림과 같이 'ㄷ' 자 모양으로 자른다.
⑤ 자른 부분을 옆으로 넘겨 접고 반대편도 접은 다음 뒤집는다.
⑥ 뒤집어진 뒷부분을 투명 테이프로 가운데만 서로 연결한다.
⑦ 나오는 페이지에 숫자를 적는다.

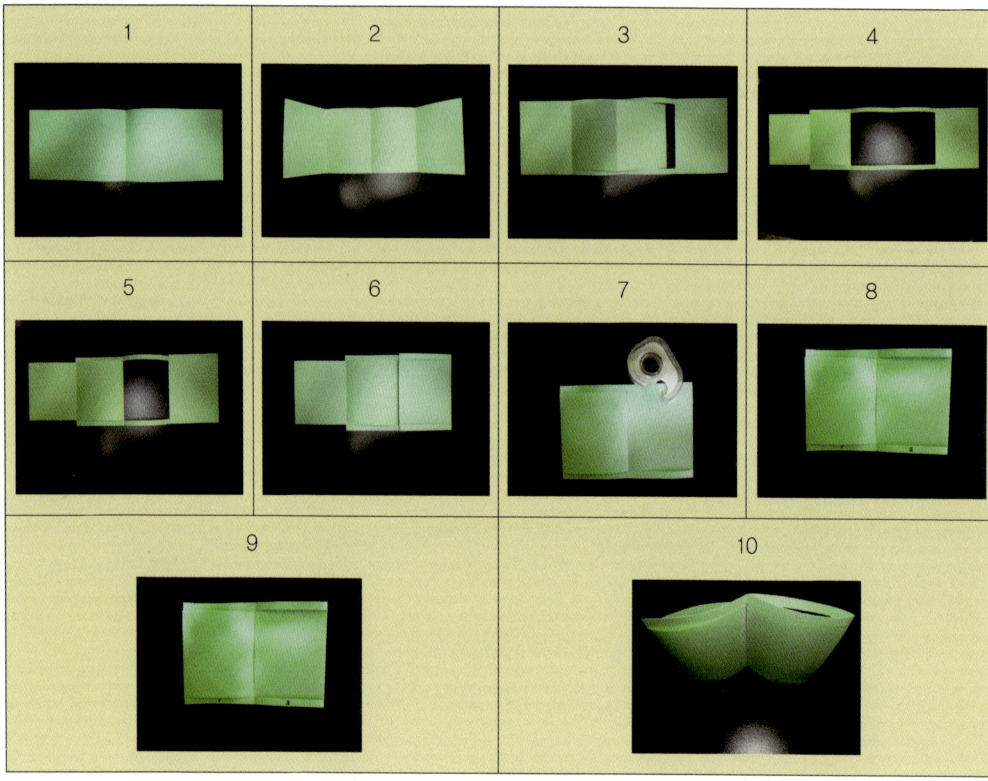

● 그림 5-5 ● 매직북 회화법 작업 순서

⑧ 매직북이라고 안내하고 일상생활에서 마술 같은 일이 일어난다면 어떤 일이 일어나면 좋겠는지에 대해 작업해 본다.

⑨ 작업한 내용을 나눈다.

4) 임상장면에서의 적용

① 좋아하는 것에 대한 작업, 싫어하는 것에 대한 작업 등 다양한 주제를 제시하고 활용할 수 있다.

② 치료자가 만드는 방법을 안내하고 내담자가 스스로 만들어 보도록 하는 것이 좋다.

③ 대상이 주제일 경우, 그 대상과의 관계에서 파생된 부정적 경험이 있다

면 '빈의자 기법' 등을 활용하여 사고, 감정들을 표현하도록 돕는다.

④ 게슈탈트 치료의 기적질문이 있다. '지난 밤 사이 자기도 모르게 기적이 일어났다고 생각합시다. 당신은 잠들어 있기 때문에 기적이 일어났다는 것을 모릅니다. 아침에 일어났을 때 무엇이 달라지면 기적이 일어났다는 것을 알 수 있을까요?' 라는 질문을 한다. 이 질문에 대한 답으로 매직북에 그림으로 표현할 수 있다.

5) 사 례

내담자는 초등학교 6학년 여학생이다.

● 그림 5-6 ● 매직북 회화법

매직북 만드는 방법을 알려 주자 신기하다고 하였다. 한 권을 더 만들어서 학원 선생님에게 보여주면 놀라겠지라고 하였다. 친구에 대해 작업을 했는데 제일 친한 친구는 성격이 순해서 잘 속아 넘어간다고 하였다. 학원에서도 그 친구에게 지는 사람은 아무도 없다고 하였다. 그래서 자기가 도와준다고 하였다. 내담자는 친구 문제가 있었는데 학습 부진과 관리하지 않는 외모로 인해 친구들의 호감의 대상이 되지 못하였다. 어릴 때 다소 통제적인 할머니에게서 양육되었으며 이 과정에서 과대자기가 표현되지 못하고 억압되어 있었다. 이 작업을 통해 내담자는 친한 친구에 대해 자기가 도와주지 않으면 안 된다고 표현하는 등 과대자기를 나타내고 있었다.

4 폴드아웃책 회화법

상자기법은 빈 상자를 활용해서 사람의 외면과 내면을 표현하고 자신에 대해 더 깊은 탐색을 할 수 있도록 돕는 기법이다. 이 기법에서 내담자는 자신에 대해 깊이 생각하고 표현하기도 하지만 또한 빈 상자가 주는 부담감에 대해 말하기도 한다. 폴드아웃책 회화법은 상자기법을 평면화시킨 기법으로 빈 상자에 대한 심리적 부담감을 감소시켜 보다 간편한 방법으로 표현할 수 있도록 한다.

1) 목 표

자신의 내면과 외면의 표현을 통해 자신에 대해 더 깊은 자각을 한다.

2) 준비물

색도화지, 도화지, 색연필, 사인펜, 가위, 풀

3) 방 법

① 도화지에 자신의 전신을 그리고 채색하도록 한다. 그린 전신을 가위로 오려 둔다.
② 색도화지를 3등분한다. 한 면은 안쪽으로 접고 다른 한 면은 바깥쪽으로 접는다.
③ 바깥 면에 자신의 전신을 붙인다.
④ 전신의 모습 옆에 남들이 말하는 자신의 모습에 대해 그림이나 글로 표현한다.
⑤ 펼쳐서 보이는 안쪽 면에 남들이 모르는 자신의 내면의 모습에 대해 그림이나 글로 표현한다.
⑥ 작품에 대해 이야기를 한다. 남들이 말하는 자신의 모습에 대해 어떻게

생각하는지 이야기한다. 자신만이 아는 자신의 모습에 대해서도 이야기를 한다. 그 차이를 인식하고 어떻게 하면 안과 밖의 모습이 비슷해지거나 같아질지에 대해 탐색하도록 한다.

4) 임상장면에서의 적용

① 색종이 등 다양한 재료를 활용하여 자신의 모습을 표현할 수도 있다.

② 타인이 보는 자신의 모습과 자신이 인식하고 있는 자신의 모습 중 어떠한 면을 더 선호하는지 탐색할 수 있도록 한다.

③ 대문접기 방식으로 접어서 작업을 할 수도 있다. 바깥 부분에 자신을 붙이고 대문을 열면 그 속에 내면의 모습을 표현하도록 안내한다.

5) 사 례

(1) 세로 접기 방식

내담자는 초등학교 2학년 남학생이다.

• 그림 5-7 • 폴드아웃책 회화법

남이 보는 자신의 모습에 대해 '평범하다'라고 쓰고는 턱을 괴고 한참 생각하였다. 무슨 뜻이냐고 물으니 다른 애들처럼 학원 다니고라고 말하면서 자신도 믿기지 않지만 평범한 것 같다고 하였다. 친구들에게도 물어봤는데 평범하다는 말을 들었다고 하였다. 자신이 생각하는 자기의 속 모습은 활기차다고 썼다. 어떤 때 활기차냐고 물으니 자기가 가고 싶은 곳에 갈 때 활기차다고 하였다. 그리고 기억력이 안 좋다고 하였다. 평소에 학교나 학원에 점퍼나 우산을 놔두고 집으로 가서 그렇다고 하였다. 1학년 때는 특히 더 심했는데 지금은 덜하다고 하였다(정은주, 2008). 내담자는 친구 관계에서 다소 공격적이고 학습 면에서는 산만하거나 멍하니 있는 일이 많았다. 이 작업을 통해 내담자가 스스로에 대해 외현적, 내현적으로 어떻게 인식하고 있는지를 이해할 수 있었다.

(2) 가로 접기 방식

내담자는 고등학교 1학년 여학생이다.

• 그림 5-8 • 폴드아웃책 회화법(겉면)

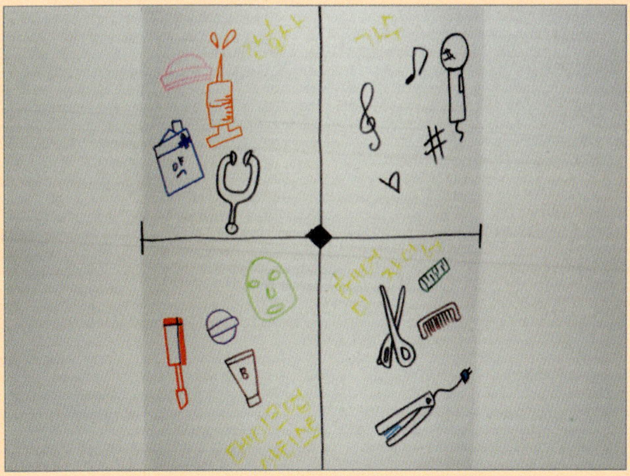

● 그림 5-9 ● 폴드아웃책 회화법(속면)

색종이로 자신의 모습을 표현하였는데 머릿속이 복잡하다고 하였다. 마음속에는 하고 싶은 것들로 가득 차 있는데 간호사가 되고 싶은 마음도 있고 가수가 되고 싶은 마음도 있으며 헤어디자이너가 되고 싶기도 하고 메이컵 아티스트가 되고 싶은 마음도 있다고 하였다. 하고 싶은 것들이 너무 많은데 다하고 싶다고 하였다. 내담자는 같은 학교 친구들과 선생님의 태도가 마음이 들지 않아 무단 결석을 하였다. 작업을 통해 자신이 학교생활을 열심히 하고자 한다는 것과 자신의 열의와 친구들의 나태하고 무질서한 태도가 맞지 않다는 것을 인식하게 되었다.

5 휠책 회화법

이 기법은 앞의 기본책 회화법, 매직북 회화법과 유사한 방법이다. 차이는 앞의 회화법은 사각형을 바탕으로 한다면 휠책 회화법은 원을 바탕으로 작업하는 것이다. 원이 주는 심리적 안정감을 경험하면서 동시에 작업 공간인 피자조각으로 보이는 영역의 윗부분이 삼각형 모양이어서 위로 향하려는 마음이 무의식적으로 투사될 수 있다(Sun & Sun, 1992). 자신이 하고 싶은 것, 요즘의 관심 등 다양한 욕구를 표현하도록 도울 수 있다.

1) 목 표

① 내담자가 하고 싶은 것, 관심 있는 분야 등에 대해 자신의 마음을 탐색해 본다.

② 욕구를 표현하도록 함으로써 욕구를 구체화하고 현실화하도록 돕는다.

2) 준비물

색도화지 2장(서로 다른 색), 컴퍼스, 가위, 할핀, 색연필, 사인펜

3) 방 법

① 색도화지 2장에 컴퍼스로 최대한 큰 원을 그린다. 원 모양대로 가위로 자른다.

② 위쪽 원으로 사용할 색도화지에 호를 그려서 잘라낸다(피자조각처럼).

③ 2장의 원을 겹쳐서 가운데 할핀을 꽂아서 서로 회전할 수 있도록 한다.

④ 잘린 조각 사이로 보이는 아래 원에 자신이 요즘 하고 싶은 것을 그림으로 그린다.

⑤ 작업 내용에 대해 이야기를 나누고 현재 할 수 있는 것으로 구체화할 수 있도록 돕는다.

4) 임상장면에서의 적용

① 5년 후, 10년 후처럼 자신의 미래에 하고 싶은 것을 표현할 수도 있다.

② 요즘 관심을 갖고 있는 것에 대해 작업할 수도 있으며, 자신이 좋아하는 것 등 다양한 주제로 표현할 수도 있다.

③ 예시 작품을 보여 주면서 만드는 방법을 안내하고 내담자가 스스로 만들어 보도록 한다.

5) 사 례

내담자는 초등학교 2학년 남학생이다.

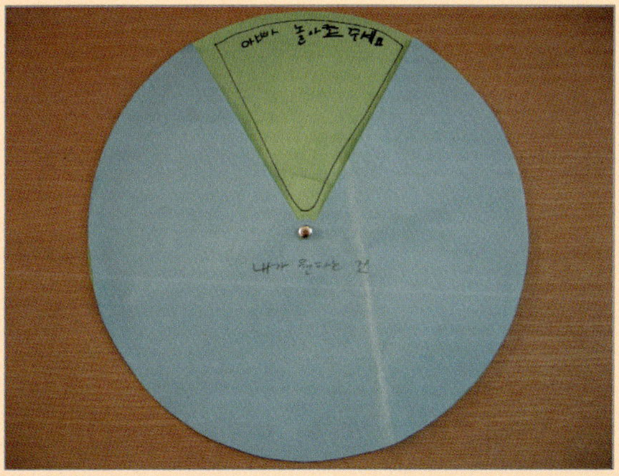

● 그림 5-10 ● 휠책 회화법

자기가 아버지에게 원하는 것을 그림이나 글자로 표현해 보도록 하였다. '아빠 놀아 주세요, 아빠 사탕 사 주세요, 아빠 돈가스 사 주세요, 아빠 수영장 가요, 아빠 CD 사 주세요, 아빠 컴퓨터 게임 깔아 주세요.' 라고 썼다. 제목은 '자신이 원하는 것' 이라고 하였고 모두 이루어졌으면 좋겠다고 하였다. 먹을 것은 아버지가 해 주실 것 같고 게임을 하는 것은 안 될 것 같다고 하였다. 그렇지만 말은 해 보기로 하였다. 내담자는 한부모 가정 아동이다. 아버지는 어머니의 부재를 메우기 위해 통제하는 편이었고 이 과정에서 내담자는 자신의 욕구를 충족하지 못하고 다소 억압하는 상황이었다. 이 작업을 통해 자신의 욕구를 자연스럽게 표현하고 가능성과 방법에 대해 탐색할 수 있었다.

6 원모양책 회화법

만다라는 그 자체가 자기발견을 가져다줄 확실한 통로로 사용될 수 있다. 만다라를 그리는 것은 아이들의 정체감 확립에 도움이 된다고 하였다(Neumann, 1973). 융은 정신적인 발달의 목표는 자기에 도달하는 것이며 이는 일직선상의 진화적인 것이 아니라 정신의 중심인 자기의 주변에 도달하는 것이라고 하였다. 우리가 내면세계의 갈등을 만다라를 통하여 상징적으로 표현한다는 것은 그러한 갈등을 바깥세계로 투사하여 객관화시킨다는 것이라 하겠다. 또한 원 속에 그림을 그리는 행위 자체가 화합의 느낌을 가져다줄 수도 있다는 점에서 치료적이라고 할 수 있다.

1) 목 표

하나의 원이 아닌 여러 개의 원 안에 자유롭게 그림을 그리게 함으로써 내면의 갈등을 다양하게 표현하도록 한다.

2) 준비물

다양한 색의 도화지, 컴퍼스, 가위, 풀, 색연필, 사인펜, 유성매직

3) 방 법

① 원모양을 선택한 색도화지에 그리고 오린다.
② 원에 그리고 싶은 것을 그리거나 치료자가 제시한 주제를 바탕으로 그림을 그리게 한다.
③ 오려 둔 원마다 그림을 그린다.
④ 원모양의 반 정도를 다른 원과 마주 대고 붙인다. 이렇게 계속 붙여서 원모양 책을 만든다.
⑤ 그림을 바탕으로 이야기를 나눈다.

4) 임상장면에서의 적용

① 호흡명상을 통해 이완 후 작업을 하는 것도 작업에 집중하는 데 도움이 될 수 있다.

② 원을 그리고 오리는 등 방법을 안내하고 내담자가 스스로 할 수 있도록 한다.

③ 만다라 작업을 하여 원모양 책으로 만들 수 있다.

④ 다양한 색상을 활용하여 그 색상을 보고 떠오르는 장면을 그림으로 표현하는 등 연상작용을 도울 수 있다.

5) 사 례

내담자는 초등학교 3학년 남학생이다.

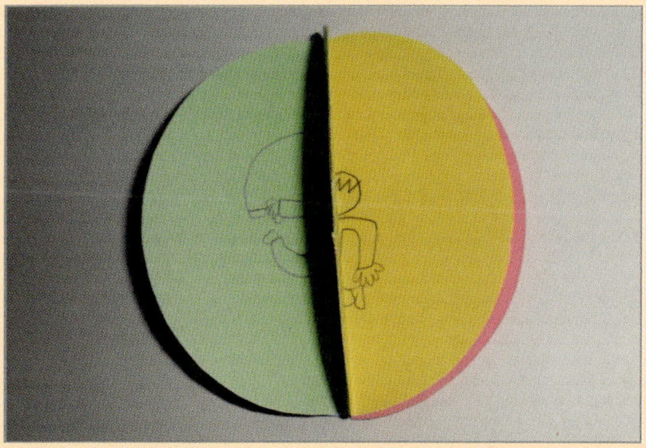

• 그림 5-11 • 원모양책 회화법

각 원마다 자기가 좋아하는 운동을 그려 넣었다. 피구, 줄넘기, 축구, 야구를 그려 넣고 '운동책'이라고 제목을 붙였다. 자신은 운동을 좋아한다고 하였다. 그래서 학교에 가면 친구들하고 운동을 하는 것이 제일 좋다고 하였다. 내담자는 친구들과 운동하는 것을 좋아하여 학원에 지각하거나 잊어버려서 할머니로부터 꾸중을 자주 들었다. 아버지는 퇴근 후 내담자의 숙제나 준비물에만 신경을 쓰고 무엇을 원하는지에 대해서는 인식하지 못하고 있었다. 이 작업을 통해 자신은 좋아하는 것이 영어공부나 논술이 아니라 운동이라는 것에 대해 분명히 인식하고 표현하였다.

7 필름책 회화법

우리는 자신의 삶을 돌아보고 자신의 삶을 모두 기억하지 못하지만 영화나 사진의 필름 장면처럼 한 장면씩 기억을 떠올릴 수 있다. 이 기법은 기본책 회화법을 응용한 방법으로 영화의 한 장면이나 한 장의 사진처럼 떠오르는 기억을 표현함으로써 그 기억과 관련된 생각, 감정을 표현하도록 도울 수 있다.

1) 목 표

기억의 흐름을 따라 표현함으로써 연상 작용을 높이고 그에 따른 생각과 감정을 표현하도록 한다.

2) 준비물

8절 색 도화지, 8절 도화지, 색연필, 사인펜, 자, 커트칼

3) 방 법

① 색도화지를 가로로 1/2 접은 후 가운데에 사각형을 그린 다음 칼로 오려 낸다.
② 흰 도화지를 가로로 1/2 접은 후 잘라 낸 후 옆에 놓아 붙여서 한 장으로 만든다.
③ 흰 도화지에 필름처럼 칸을 그려 넣는다.
④ 각 칸마다 주제에 따라 연상되는 그림을 그리도록 한다.
⑤ 그린 그림을 바탕으로 이야기를 나눈다.

4) 임상장면에서의 적용

① 마지막은 바라는 장면으로 표현하게 함으로써 긍정적 사고를 형성하도록 돕는다.

② 도화지를 여러 장 활용하여 계속 이어서 붙여 작업할 수 있는 등 그 양을 조절할 수 있어서 9분할통합회화법과 같이 주어진 칸보다 부담감을 줄일 수 있다.

5) 사 례

내담자는 초등학교 6학년 남학생이다.

• 그림 5-12 • 필름책 회화법

학교생활을 주제로 작업한 내용이었다. 자신은 다른 학교에 다녔었는데 부모님이 이혼을 하고 4학년 때 이사를 하면서 전학을 하게 되었다고 하였다. 전학 오기 전에 자신은 활발하였었는데 전학 오고 나서는 조용해졌다고 하였다. 지금은 많이 적응되어 괜찮은데 그래도 그때가 좋았다고 하였다. 6학년이 되어서 수학여행으로 간 놀이공원이 생각난다고 하였다. 내담자는 한부모 가정의 자녀로 할머니가 몸이 아프고 문맹이어서 내담자의 학습을 도와주지 못하였으며, 아버지가 생활비를 주지 않는 것 같아서 걱정이 된다고 하였다. 이 작업을 통해 내담자는 현재의 삶보다 과거 어머니, 아버지와 함께 살던 때를 그리워하고 있으며 전학 이후 성격이 달라졌음을 인식하게 되었다.

참고문헌

고현, 유시덕, 이정남, 이현희, 백현옥, 이창호, 정선주(2008). 매체를 활용한 유아동 미술교육과 미술치료. 서울: 창지사.

공마리아, 김갑숙, 박경규, 이근매, 임호찬, 전순영, 전영숙, 정현희, 최선남, 최외선(2006). 미술치료개론. 대구: 동아문화사.

김갑숙, 전영숙(2008). 새둥지화를 통한 청소년의 부모애착수준 타당화 연구. 한국생활과학회지, 17(6), 1065-1077.

김수향(2003). 그림책을 활용한 창의적 문제해결 과정이 유아의 창의적 사고 및 문제해결 능력에 미치는 영향. 동덕여자대학교 박사학위논문.

김순란(2010). 얼굴자극그림검사(FSA)의 평가기준 개발 및 타당화 연구. 영남대학교 박사학위논문.

김용태(2005). 가족치료 이론. 서울: 학지사.

김유숙(2008). 가족치료: 이론과 실제. 서울: 학지사.

김인자(2005). 현실요법과 선택이론. 서울: 한국심리상담연구소.

다음 백과사전(2012). 100.daum.net.

다음 어학사전(2012). dic.daum.net.

민족미술인협회(2012). www.yeosuartkorea.net.

박성혜(2011). 취학전 아동의 사과 따는 사람 그림검사(PPAT) 반응연구. 한세대학교 석사학위논문.

박주원(2011). 부모애착수준에 따른 새둥지화(BND) 반응특성연구. 서울여자대학교 석사학위논문.
박현주(2009). 미술치료 진단기법의 이해. 경기: 양서원.
백영훈(2011). NLP 이론과 실제. 서울: 이담.
브리태니커(2012). www.britannica.co.kr.
색다른 시선으로 세상보기(2012). blog.naver.com/PostView.nhn?blogId=jmvoice&logNo=50130.
서상철(2004). 노인복지론. 서울: 홍익재.
손현숙(2009). 아동-청소년의 우울 및 공격성과 DAS 반응특성의 관계 아동-청소년의 우울 및 공격성과 DAS 반응특성의 관계. 영남대학교 박사학위논문.
오현철의 판화세계(2011). cafe.daum.net/paintseoul.com
우경희, 박광철(2007). 아이들과 함께 하는 교실 속 책 만들기. 서울: 우리가 희망.
이근매, 아오키 도모코(2010). 콜라주 미술치료. 서울: 학지사.
이미애(2004). 미술치료가 불안정애착아동의 애착안정성과 사회적 능력에 미치는 효과. 경상대학교 박사학위논문.
이장호, 김정희(2003). 집단상담의 원리와 실제. 서울: 법문사.
이현주(2012). 부모알코올중독이 대학생 자녀의 우울 및 사회불안에 미치는 반응특성: 이야기 그림검사를 중심으로. 한양대학교 석사학위논문.
위키백과(2012). ko.wikipedia.org.
정여주(2006). 만다라와 미술치료. 서울: 학지사.
정은주, 최외선(2006). 어머니의 자아존중감과 양육태도 변화가 아동의 문제행동 감소에 영향을 미치는 자기심리학적 미술치료 사례연구. 미술치료연구, 12(2), 255-285.
정은주, 정광석(2007). 청소년의 자아개념 향상을 위한 미술치료 사례 연구. 상담학연구, 8(3), 1151-1168.
정은주(2008). 자기심리학적 미술치료가 아동의 자기애와 부적응 행동에 미치는 효과. 영남대학교 박사학위논문.
정은주(2009). 학생상담자원봉사자의 공감능력 향상을 위한 집단미술치료 사례. 미술치료연구, 16(6), 1053-1071.
정은주, 최외선, 김갑숙(2009). 한부모가정 아동의 자기애와 부적응 행동에 미치는 자기심리학적 미술치료 사례. 상담학연구, 10(1), 485-499.
정진숙(2011). 아동학대 변별도구로서 좋아하는 날씨(FKW) 그림의 평가기준 개발. 영남대학교 박사학위논문.
정채봉(1997). 내 가슴 속 램프. 서울: 샘터사.
정해옥(2010). 커피사전. 서울: MJ미디어.

주리애(2003). 미술치료 요리책. 서울: 아트북스.
중앙일보(2011. 09. 07.). joongang.joinsmsn.com
최외선, 김갑숙(2007). 치매전문도우미 교육 프로그램. 서울: 창지사.
최외선, 김갑숙, 최선남, 이미옥(2006). 미술치료기법. 서울: 학지사.
최외선, 이근매, 김갑숙, 최선남, 이미옥(2007). 마음을 나누는 미술치료. 서울: 학지사.
최외선, 이은주(2011). 미술치료워크북-내 마음이 보이니. 서울: 학지사.
한국미술치료학회(2006). 제60회 미술치료연수회 자료집. 대구: 중문출판사.

小池 龍之介(2010). 沈默入門. 유윤한 역(2012). 침묵 입문. 서울: 21세기북스.
望月俊孝(2009). 幸せな寶地圖であなたの夢がかなう. 은영미, 김재연 역(2009). 보물지도. 서울: 나라원.
馬場史津(2005). 母子畵. 이근매, 최외선 역(2012). 모자화. 서울: 시그마프레스.
杉浦京子(1994). コラージュ療法. 東京: 川島書店.
杉浦京子(2001). 별과 파도검사(SWT). 외국인 전문가초청 미술치료 워크숍, 39-54, 대구: 동아문화사.

Betts, D. J. (2001). Projective drawing research: Assessing the abilities of children and adolescents with multiple disabilities. *32nd Annual Conference of the American Art Therapy Association*, Albuquerque, NM.
Betts, D. J. (2003). Developing a projective drawing test: Experiences with the Face Stimulus Assessment(FSA). *ArtTherapy: Journal of the American Art Therapy Association, 20*(2), 77-82.
Byrne, R. (2008). *The Secret.* 시크릿. 경기: 살림출판사.
Francis, D. M., Kaiser, D., & Deaver, S. (2003). Representations of attachment security in the bird's nest drawings of clients with substance abuse disorders. *Journal of the American Art Therapy Association, 20*(3), 125-137.
Glasser, W. (1984). *Control theory.* New York: Harper & Row.
Ganim, B., & Fox, S. (1999). *Visual Journaling.* 최재영, 윤혜원 역(2007). 비주얼 저널을 통한 미술치료. 서울: 시그마프레스.
Gantt, L., & Tabone, C. (1998). *The formal elements art therapy scale.* Morgan town: Gargoyle.
Gillespie, J. (1994). *The projective use of mother and child drawings: a manual for clinicians.* New York: Brunner/Mazel.

Gomez, L. (2002). *An Introduction to Object Relations.* 김창대, 김진숙, 이지연, 유성경 역(2009). 대상관계이론 입문. 서울: 학지사.

Hamilton, N. J. (1990). *Self and Others: Object Relations Theory in Practice.* 김진숙, 김창대, 이지연 공역(2007). 대상관계 이론과 실제-자기와 타자. 서울: 학지사.

Jill, S. S., & David, E. S. (1998). *Object Relations Individual Therapy.* 이재훈, 김석도 역(2002). 대상관계 개인치료 Ⅰ:이론. 서울: 한국심리치료연구소.

Kaiser, D. H. (1996). Attachment organization as manifested in a drawing task. Unpublished master's thesis, Eastern Virginia Medical School, Norfolk.

Kaiser, D. H. (1993). Indications of attachment security in a drawing task. *The Arts in Psychotherapy, 23* (4), 333-340.

Lallemant, A. U. (1978). *Der Wartegg-Zeichentest.* 전영숙, 김현숙, 유신옥 역(2011). 심리상담과 미술치료를 위한 발테그 그림검사. 대구: 이문출판사.

Lucia, C. (2001). *The Art of Emotional Healing.* 오연주 역(2008). 감정치유. 서울: Project 409.

Malchiodi, A. C. (1998a). *The art therapy source book.* 최재영, 김진연 공역(2000). 미술치료. 서울: 조형교육.

Malchiodi, C. A. (1998b). *Understanding Children's Drawings.* 김동연, 이재연, 홍은주 역(2001). 아동미술심리 이해. 서울: 학지사.

Manning, T. M. (1987). Aggression depicted in abused children's drawings. *The Arts in Psychotherapy, 14,* 15-24.

Mitchell, S. A., & Black, M. J. (1995). *A History of Modern Psychoanalytic Thought.* 이재훈, 이해리 역(2002). 프로이트 이후. 서울: 한국심리치료연구소.

Neumann, E. (1973). *Art and the Creative Unconscious.* Princeton, NJ: Princeton University Press.

Nichols, M. P., & Schwartz, R. C. (2002). *The Essentials of Family Therapy.* 김영애, 김정택, 심혜숙, 정석환, 제석봉 역(2005). 가족치료: 핵심개념과 실제적용. 서울: 시그마프레스.

Sbrush(2012). www.sbrush.com.

Silver, R. (1983). *Silver drawing test of cognition and emotion.* Seattle, WA: Special Child.

Silver, R. (1986). *Stimulus drawings and techniques in therapy, development, and assessment.* NY: Trillium.

Silver, R. (1987a). Sex differences in the emotional content of drawings. *Art Therapy: Jouranl of the Amerian Art Therapy Association, 4* (2), 67-77.

Silver, R. (1987b). A congnitive approach to art therapy. In Judith Rubin (Ed), *Approaches to art therapy* (pp. 233-250). NY: Brunner/Maze.

Silver, R. (1988a). Screening children and adolescents for depression through Draw a Story. *American Journal of Art Therapy, 6*(4), 119-124.

Silver, R. (1988b). *Draw a story: Screening for depression. Mamaroneck.* NY: Ablin.

Silver, R. (1989). *Developing cognitive and creative skills through art.* Mamaroneck. NY: Ablin.

Silver, R. (1990). *Silver drawing test of cognition and emotion* (2nd ed). Sarasota, FL: Ablin.

Silver, R. (1992). Gender differences in drawing, a study of self-images, autonomous subjects, and relationships. *Art Therapy: Journal of the American Art Therapy Association, 9*(2), 85-92.

Silver, R. (1993a). *Draw a Story: Screening for depression and age or gener differences.* NY: Trillium; Sarasota, FL: Ablin.

Silver, R. (1993b). Age and gender differences expressed through drawings: A study of attitudes toward self and others. Art Therapy: *Journal of the American Art Therapy Association, 10*(3), 159-168.

Silver, R. (1993c). Assessing the emotional content of drawings by older adults. *American Journal of Art Therapy, 32*, 46-52.

Silver, R. (1996). *Silver drawing test of cognition and emotion* (3rd ed). Sarasota, FL: Ablin.

Silver, R. (2002). *Three Art Assessments.* 이근매, 조용태, 최외선 역(2007). 세 가지 그림 심리검사. 서울: 시그마프레스.

Stewart, I., & Joines, V. (1987). *TA Today.* 제석봉, 최외선, 김갑숙, 윤대영 공역(2010). 현대의 교류분석. 서울: 학지사.

Sun, H., & Sun, D. (1992). *Colour Your Life.* 나선숙 역(2003). 색채심리와 색채치료. 서울: 예경.

Torrance, E. P. (1963). *The nature of creativity as manifest in its testing.* Cambridge University Press, 43-75.

Winnicott, T. (1984). *The Maturational Processes and the Facilitating Environment.* 이재훈 역(2000). 성숙과정과 촉진적 환경. 서울: 한국심리치료연구소.

Wubbolding, E. R. (1990). *A Set of Directions for Putting Yourself Together.* 김은진 역(2004). 자신을 행복하게 만드는 비결. 서울: 사람과 사람.

찾아보기

저자 소개

최외선

영남대학교 명예교수

현 한국미술치료학회 고문

한국미술치료학회 수련감독미술치료전문가

한국미술치료연구소 소장

김갑숙

영남대학교 환경보건대학원 미술치료학과 교수

현 한국미술치료학회 부회장

한국미술치료학회 수련감독미술치료전문가

정은주

울산정앤정미술치료연구소 소장

현 한국미술치료학회 수련감독미술치료전문가

동의대학교 일반대학원 보육가정상담학과 외래교수

정광석

울산정앤정미술치료연구소 부소장

현 한국미술치료학회 미술치료사

미술치료기법 II

2013년 5월 20일 1판 1쇄 발행
2024년 9월 25일 1판 6쇄 발행

지은이 • 최외선 · 김갑숙 · 정은주 · 정광석

펴낸이 • 김 진 환
펴낸곳 • (주) 학지사
04031 서울특별시 마포구 양화로 15길 20 마인드윌드빌딩 5층
대표전화 • 02) 330-5114 팩스 • 02) 324-2345
등록번호 • 제313-2006-000265호
홈페이지 • http://www.hakjisa.co.kr
인스타그램 • https://www.instagram.com/hakjisabook

ISBN 978-89-997-0093-4 93180

정가 17,000원